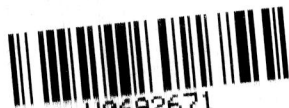

往事分明在，琴笛高樓

白謙慎題

往事分明在，琴笛高樓

查阜西与张充和

严晓星 著

中华书局

图书在版编目（CIP）数据

往事分明在，琴笛高楼：查阜西与张充和/严晓星著. —北京：中华书局，2021.5
ISBN 978-7-101-14781-0

Ⅰ. 往… Ⅱ. 严… Ⅲ. ①查阜西－生平事迹②张充和－生平事迹 Ⅳ. ①K825.76②K825.46

中国版本图书馆CIP数据核字(2020)第181477号

书　　名　往事分明在，琴笛高楼——查阜西与张充和
著　　者　严晓星
书名题签　白谦慎
责任编辑　李世文
装帧设计　毛　淳　季晓光
出版发行　中华书局
（北京市丰台区太平桥西里38号　100073）
http://www.zhbc.com.cn
E-mail:zhbc@zhbc.com.cn
印　　刷　天津图文方嘉印刷有限公司
版　　次　2021年5月北京第1版
2021年5月第1次印刷
规　　格　开本/889×1194毫米　1/32
印张5¾　插页50　字数100千字
印　　数　1-6600册
国际书号　ISBN 978-7-101-14781-0
定　　价　158.00元

故事与历史
（代序）

晓星此书，缘起于数年前我邀他为查阜西先生赠送给张充和老师的古琴撰写的一篇短文。多年来，晓星致力于收集当代琴人的历史文献，研究琴苑泰斗查阜西先生，写一篇二千字的介绍性文字，于他本不是难事。可谁知道那看似高雅的古琴界原来也是个江湖，晓星不知得罪了何方神圣，他接受邀请后不久，便有人传话与我，建议另找人替换晓星。似乎撰文介绍两位前辈的交往，也被有些人看作是在争夺古琴界的话语权。

一篇短文，由何人来撰写，看似小事，我却相当认真。我坚持由晓星来写，是因为我读过他写的关于古琴的书，赞赏其实事求是的文风和深厚的历史感。这篇短文，涉及两个当代文化名人之间的友谊，平实地写出来，不加任何修饰，足以动人。但故事怎样讲，依然有着高下和雅俗之分。

张充和与查阜西的交往，始于上世纪的三十年代，物换星移，早已成为鲜为人知的历史。历史，可以故事的形式呈现；故事，却不见得都是历史。在近年来的民国热中，本书主角之一的张充和，应时走红，既成了人们关注的对象，关于她的种种传闻又演为大众茶馀酒后的谈资。如果说人们津津乐道的张充和以国文满分、数学零分被北大破格录取，卞之琳苦恋她数十年等等，还不算离谱的话；那么她曾在美国十多所大学任教云云，则纯属捕风捉影。诸如“最后的闺秀”、“民国四大才女”、“民国六大美女”之类的桂冠，我想当事人绝不愿意接受。坊间的故事总是越传越夸张，有的人把自己的文化情调投射到张充和身上，情有可原；有的人则纯粹为了博眼球，拉高网上点击率，用心鄙俗。令人不解的是，一些对昆曲书画素无研究、对张充和生活的时代和环境又十分陌生的“文化学者”，未能免俗，也“跨学科”来凑这个热闹。一个故事，即使由学者来写，如无细致的历史研究和相关的专业知识为基础，也难免捉襟见肘，失之肤浅。

晓星悬鹄高远，与众不同，写的是两位文化人的故事，揭橥的却是一段罕为人知的琴学历史。差不多在应我的邀请写那篇短文的同时，晓星另写了一个长篇的版本。此后他又花数年之功，将它扩充为此书。为了这本书，他多方查寻资料，并曾发来一些问题，嘱我代他采访张充和。得到他直接采访的则有查阜西的子女、郑颖孙的女儿等。为了校勘张充和的三首《八声甘州》，他收集了多个不同版本，具体入微地展示了张充和推敲辞章的过程，尽量还原历史情境，以期准确地体现张充和对查阜西的情感与最终评价。可以说，本书的可贵之处便在于字字有出处，堪称信史。二〇一一年春夏，晓星的长文《往事分明在，琴笛高楼——查阜西与张充和》在《万象》分三期连载，曾在耶鲁大学工作的陈晓蔷女士（赵复三先生夫人）读到后，转给张充和看。八月四日，我和妻子开车到康州新港去看望张充和，她对我说，这个年轻人写得好，而且他能想象出当时的情景。称赏之馀，她还委托我将查阜西写给她的两通信札原件带给晓星作为纪念。

张充和与查阜西的故事，曲折动人，晓星娓娓道来，引人入胜。有故事的历史，总是格外吸引人。大概过不了多久，摭取书中某些片段的各种改写版，便会不胫而走。（实际上在《万象》连载之后，就已有改编者迅速跟进。）晓星当然没有功夫去和改编者们计较版权问题，我只是希望能够读到此书的人们（包括改编者们），对书中所蕴含的历史研究，持有最起码的敬意。

晓星的书付梓在即，嘱我为序。我于琴学，不敢置喙，拉杂写下上面这些话，借题发挥，表达我对历史研究和坊间故事的一个态度。不妥之处，还请晓星和读者们指正。

白谦慎

二〇一七年十月六日拜撰于云庐

目録

故事与历史（代序）/ 白谦慎

第一章　重招梅隐

一、《甘州》唱和本事（03）

二、查阜西（12）

第二章　珍重记前游

三、杨家大院（21）

四、龙溪幻影（27）

五、当时啸傲见天真（33）

六、高楼银烛春花影（38）

七、度长空、一掬见龙泉（49）

八、多少欢娱都梦幻（55）

第三章　万里寄寒泉
九、干戈未损好春光（65）
十、剑胆琴心（74）
十一、琴名辨正（80）
十二、“蠙山琴士韵泉顾氏”考（87）

第四章　尽艰辛事事，不挂上眉头
十三、喜佳音万里，故人犹健（101）
十四、抚新词、临风缄泪（111）

本书所涉文献
张充和《八声甘州》的版本（127）
关于庄剑丞抄本《琴人书札》（150）
征引及参考文献目录（158）

后记（163）

第一章

重招梅隐

一、《甘州》唱和本事

耶鲁大学所在的纽黑文满城榆树，人称榆城（Elm City），一到深秋触目金黄。一九七〇年饶宗颐初抵纽黑文，看到的不外这番景象。万木萧萧，年过半百的旅人一路走来，秋意也渐渐侵上心头。

邀饶宗颐来的，是德裔汉学家、耶鲁大学东亚语言文学系教授傅汉思（Hans Hermannt Frankel）。傅汉思是中国诗歌专家，旧式文人感情的细腻微妙他明了，中国文学中悲秋与旅思的传统他熟悉，出于文化的理解与友情的珍重，招待起来也尤其周到。在饶宗颐长达一年的客座教授生涯里，每逢周末，傅汉思便会邀请他来家中吃饭。在耶鲁美术学院教授中国书法的女主人张充和，这时又化身为烹饪高手在厨房忙碌，饶宗颐就在她书房里写写画画，留下了许多妙品。

饶宗颐作于傅汉思、张充和家中的山水画作，一九七〇年。

作山水
图在脱
去怪璞
又自静
为君今
人画求
新堂和
言试顷之
溪思充和
方家谏
不以为
迂也
庚戊
遐堂

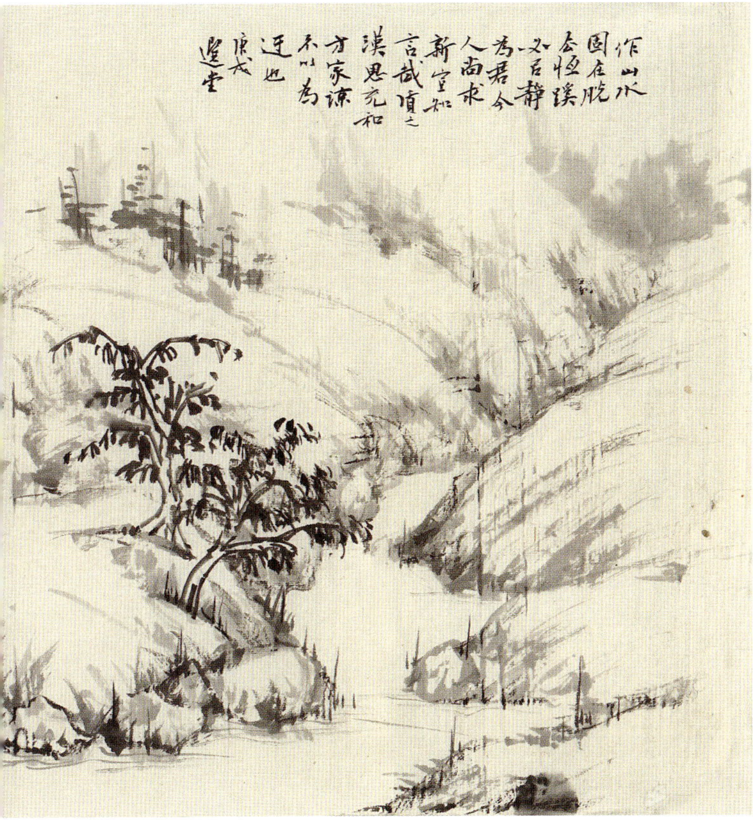

独在异乡为异客，自然频有幽怀。初来一月，饶宗颐有词集《榆城乐章》,随之又有词集《晞周集》——后来张充和为之手录一过。诗词书画，张、饶皆具极深的造诣，集中的唱和时时可见。张充和还精于昆曲，更为饶宗颐《六丑·睡》词缀谱，以笛度出，“声音谐婉，极缥缈之思”(《晞周集·一寸金》)。海天万里之外，两位大家的蕴藉风流，端是不输古人。

饶宗颐擅古琴，能弹《塞上鸿》、《水仙操》等曲，这一次却未曾携琴随行。明末张宗子琴铭有言：“吾与尔言，尔亦予诺。”孤客羁旅，正宜与琴对话。所以饶宗颐刚到，张充和便以珍藏多年的宋琴“寒泉”相借，由此又说起赠琴的友人查阜西。此刻的中国大陆，连春秋鼎盛者都难免非正常死亡，所以耄耋之年的查阜西的死讯，并不使他们感觉突兀。张充和又取出查阜西的古琴录音来播放，《潇湘水云》、《普庵咒》、《梅花三弄》、《忆故人》、《鸥鹭忘机》……琴声伴着两人沉重的唏嘘声，在室中萦回。

张充和赋《八声甘州》词云：

选堂来，不自携琴，因借与“寒泉”，阜西所赠也。闻其已归道山，乃共听其录音，为唏嘘者久之。

负高情、万里寄寒泉，珍重记前游。但拂尘虚弄，琴心宛在，琴事长休。旧侣冰弦何处？丝

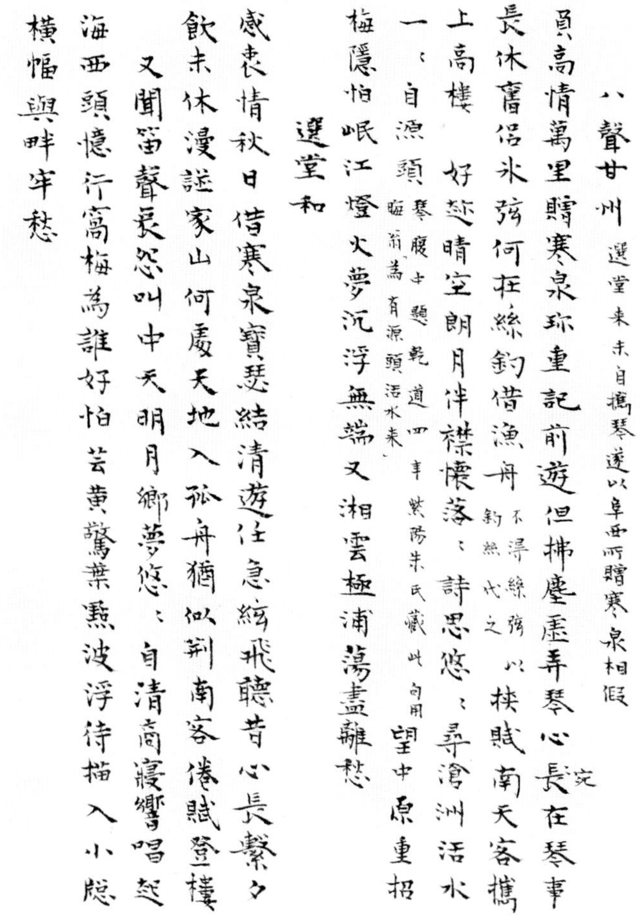
八聲甘州　選堂來未自攜琴遂以阜西所贈寒泉相假

負高情萬里贈寒泉琮重記前遊但拂塵奩弄琴心長在琴事（究）
長休舊侶冰弦何在絲釣借漁舟（不得絲弦以釣絲代之）挾賦南天客攜
上高樓　好趁晴空朗月伴襟懷落〻詩思悠〻尋滄洲活水
一〻自源頭（琴腹中題乾道四年紫陽朱氏藏此句用晦翁「爲有源頭活水來」）望中原重招
梅隱怕岷江燈火夢沉浮無端又湘雲極浦蕩盡離愁

選堂和

感衷情秋日借寒泉寶瑟結清遊任急絃飛聽昔心長繫〻
飲未休漫誕家山何處天地入孤舟猶似荊南客倦賦登樓
又聞笛聲哀怨叫中天明月鄉夢悠〻自清商寢響唱起
海西頭憶行窩梅爲誰好怕芸黄驚葉點波浮待描入小窗
橫幅與畔牢愁

张充和、饶宗颐唱和的《八声甘州》，张充和手录（此图文字与本书所引稍有出入）。

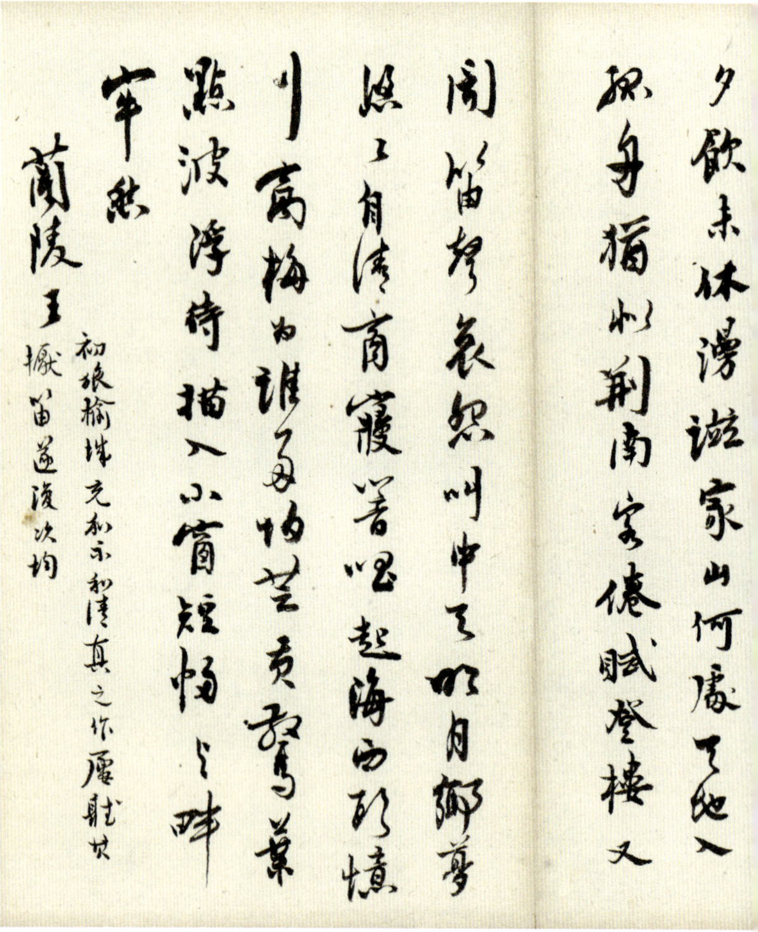

《选堂自书榆城乐章》中的《八声甘州》，张充和旧藏。

選堂自書榆城樂章
充和藏

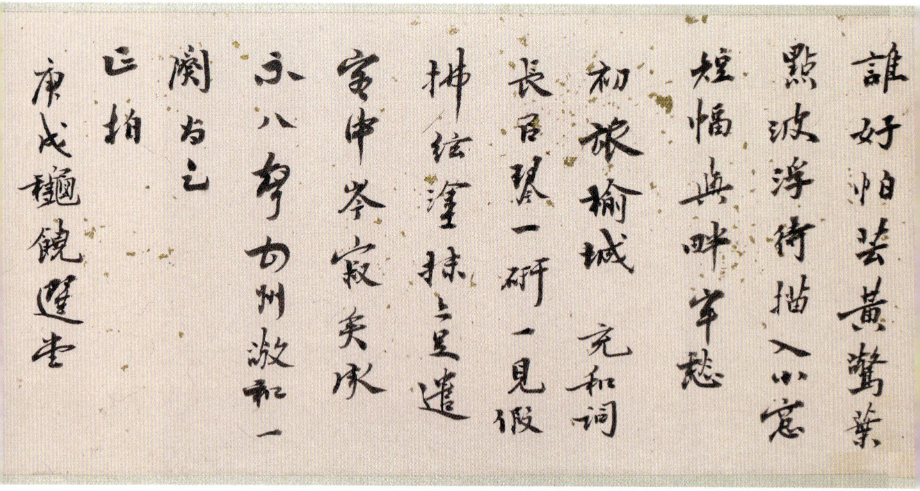

饶宗颐《八声甘州》词手卷，张充和旧藏。

钓借渔舟（以钓丝代杭弦）。挟赋南天客，携上高楼。 好趁晴空凉月，伴襟怀落落，诗思悠悠。绕芳洲碧水，一一自源头。望中原、重招梅隐，怕岷江、灯火梦沉浮。无端又、湘云极浦，荡尽离愁。

饶宗颐步韵和之：

充和以寒泉名琴见假，媵以词，因和。

感衷情、秋日借寒泉，宝瑟结清游。任急弦飞听，昔心长系，夕饮未休。漫谱家山何处？天地入孤舟。犹似荆南客，倦赋登楼。 又闻笛声

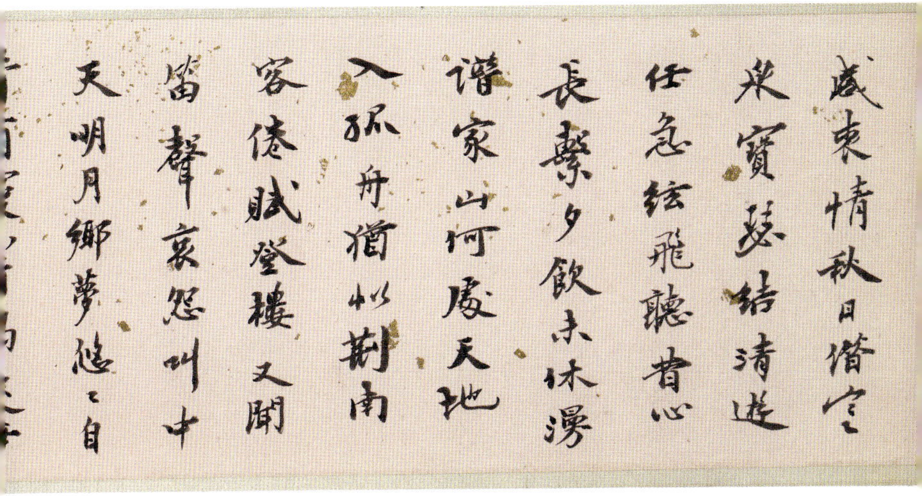

> 哀怨，叫中天明月，乡梦悠悠。自清商寝响，唱起海西头。忆行窝、梅为谁好，怕芸黄、惊叶点波浮。待描入、小窗短幅，与畔牢愁。

两首词是为借琴而作，但心心念念的却是当年的赠琴人——查阜西。

二、查阜西

北伐之后，大局底定，国家进入稳定发展的时期。长江下游不仅是政治、经济、文化的中心，素来也是古琴流派最丰富、最有传统而富有生机的福地。有这样的时代背景与历史传统，才有一批十九世纪末出生的新生代琴人渐渐活跃起来，登上了历史舞台。

三十年代中期，查阜西（1895—1976）年逾不惑。他的前四十年过得极其跌宕：鼓动父亲参与改朝换代的起义，全家回归故乡江西修水却被族人驱逐，立誓为惨遭杀害的父亲报仇，在海军学校领导学潮被开除，追随孙中山建设空军，流落乡间养鸡养鸭，写文章翻译书，当中学教员，入基督教，秘密加入国民党和共产党，“分共”时坐牢亡命，妻子背弃而去，写出中国民航的第一份规划书……此刻，昔日的热血青年终于

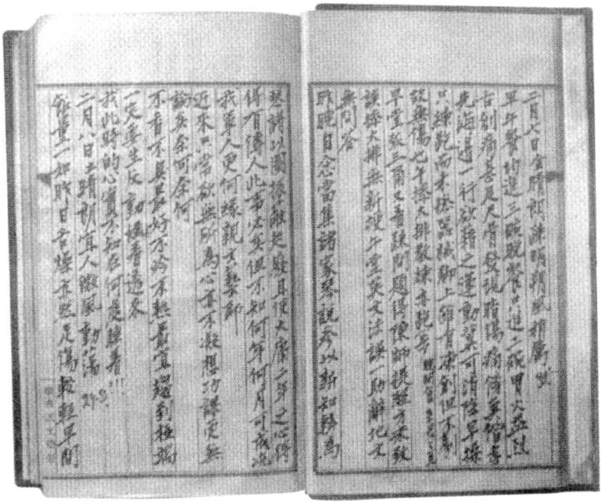

一九一九年二月七日，查阜西在日记说："昨晚自当念集诸家琴说，参以新知，辑为琴谱，以图振蔽起废……"这个青年时代的愿望，在他的晚年果然得以实现。

安稳下来，平凡地担任着欧亚航空公司的秘书主任，很少有人知道他的过去。

弹琴讲究师承。查阜西当然也有老师，但他的老师都不是名家，学到的只是一些琴歌。十三岁开始学琴后，更多的是靠自己不断摸索。等到二十多岁上认识了更多的琴友，他才知道古琴的主流是独奏，最为琴人推崇的境界是"清微淡远"。他自小丰富的音乐生活给了他厚实的底蕴，曲折的经历给了他开阔的视野和心灵，甚至早早地就在日记里发誓，要"集诸家琴说，参以新知，辑为琴谱，以图振蔽起废"。他与琴友沈草农、彭祉卿、徐元白、张子谦、顾梅羹、徐立孙交流彼此擅弹的曲目，不断地提高琴艺。这时候，江南琴坛有所谓“浦东三杰”：彭渔歌、查潇湘、张龙翔，就是拿他们各自擅弹的名曲《渔歌》、《潇湘水云》、《龙翔操》来指代彭祉卿、查阜西、张子谦这三位杰出的琴人、笃厚的好友。

一直到十九世纪末，对琴人而言，游历南北，遍访琴友，仍非易事。二十世纪初，交通日渐发达，琴人之间的接触与交流方空前繁荣。民国之初，地方性的琴人结社形成一时风潮，跨地域的大型琴人集会也频繁起来。但到了二三十年代，随着名宿王燕卿、王露，领袖杨时百、周庆云次第凋零，琴坛久已未有大型集会，各地琴社之间虽有偶发性的个人交流，却远不充分，门户之见也不免干扰琴人之间的关系。查阜西感到了“琴坛的寂寞”。

他曾经寄希望于将古琴引进北大的蔡元培，蔡元培答：“试过了。中乐是不行的，西乐已被肯定了。”当年与周庆云一同举办晨风庐琴会的报人史量才曾是狂热的古琴爱好者，查阜西要他“再振兴一下琴坛的寂寞”，史量才说：“救国要紧，音乐可以不搞了！”没多久他就死在特务的枪口下。

琴坛的寂寞终究还是由琴人们自己打破的。一九三五年重阳，查阜西的弟子庄剑丞邀请上海、苏州两地的琴友在苏州怡园举行雅集，会上彭祉卿首倡

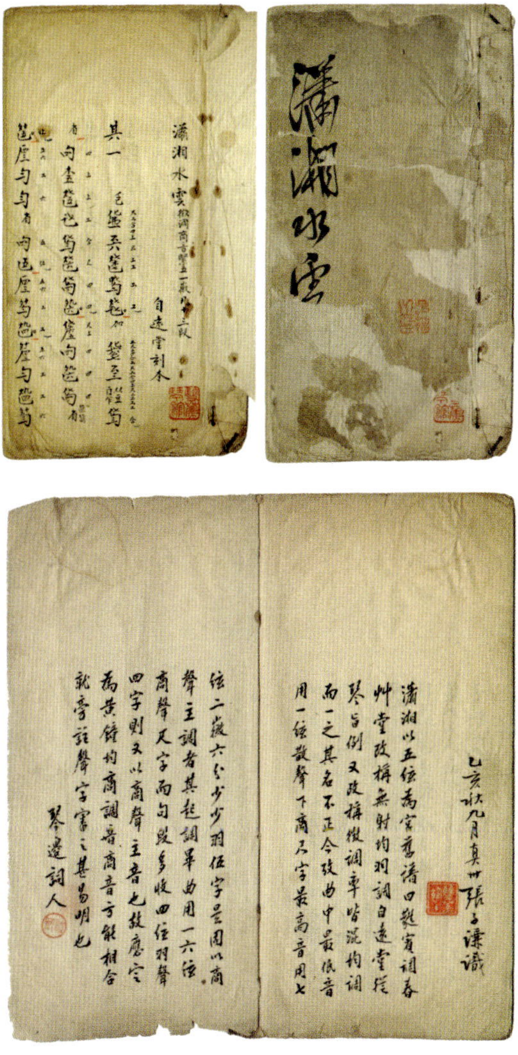

见证“浦东三杰”情谊的珍贵实物：张子谦手录的查阜西《潇湘水云》，张子谦、彭祉卿跋。

一九三六年三月一日，今虞琴社在苏州阊门外周氏觉梦庐成立时合影。查阜西摄。

坐者查阜西，其左陈蔚苍，其后徐少峰；前排右起：张子谦、黄则均、庄剑丞、□□□；二排右起：郭同甫、彭祉卿、吴兰荪、□□□、陈天乐；后排右起：□□□、□□□、□□□、程午嘉、□□□、王巽之。

组织琴社，得到了与会者的一致响应。次年春，今虞琴社在苏州成立，很快又在上海成立分社。这是第一个容纳不同师承与流派的大型跨地域琴社，其核心人物便是“浦东三杰”与沈草农、吴景略、庄剑丞，而又以彭祉卿、查阜西为主导。

一九三七年出版的《今虞琴刊》刊有琴社成立一年多来活动的详细记录。他们联络琴友，交流琴学，每周有星集，每月有月集，参与者日众，几乎囊括了北京、四川、广东之外的大多数优秀琴人。同时，他

一九三六年，查阜西在南京陵园花圃弹琴。原照题有“弹到梅花月满琴”一句。

们在全国范围内征访琴人、古琴信息，向琴人征求琴社资料、罕见琴谱、学术文章，开始编辑琴刊。今虞琴社虽处东南繁华地，甫一成立，却以开阔的格局与气势展现了新的面貌，影响迅速波及全国琴坛。作为这独一无二的泱泱大社的主持者，查阜西众望所归地成为南方琴坛的新一代领袖。

抗战爆发，烽火逼近江南，琴人的黄金年代结束了。很快沪、宁不保已成定局，国民政府开始内迁。仓皇之际，欧亚航空公司准备将全部器材向内地紧急转移，由查阜西主办。查阜西顾不上苏州的家人，径自上海飞西安，再转昆明；家人则自行逃难，流徙千里，南下会合。“中原板荡，乐坛星散”（查阜西《话眉坪记》），张子谦、吴景略等人在上海“孤岛”内坚持活动，苦苦支撑；查阜西、彭祉卿在西南一隅，却不期而然地身逢乱离造成的风云际会。

第二章

珍重記前遊

三、杨家大院

一九三八年九月底，昆明第一次遭到日机轰炸，查阜西移家于昆明东南呈贡县城外一华里的龙街，等到第二年一月情况好转始归昆明。

昆明认识的友人里，最为投契的是琴人郑颖孙以及他的安徽老乡、文艺知己张充和。郑颖孙长查阜西一岁，安徽黟县人，长期任教于北京大学，与张友鹤同为北方琴坛的名宿。他有旧派的风度，又有新派的气象，在当时就以雄厚的乐器收藏而著称。一九三六年十一月、一九三七年三月，查阜西、彭祉卿与他曾有书札往还。这时，郑颖孙任教于昆明的大学，终于在此与查阜西晤面，可谓欢若平生。

一九三九年，查阜西四十四岁，张充和二十六岁。查阜西跟着大家叫张充和“充和”；张充和最初也规规

《音乐家郑颖孙先生所藏乐器》，载《春明画报》第十二期（一九三〇年一月二十日）。（赵国忠提供）

矩矩地叫他“查先生”，没多久，实在太熟了，倒是喊“老查”的居多。由于张充和在合肥张氏四姐妹里最小，查阜西兄弟四人，也行四，所以书面场合便以“四姐”、“四哥”彼此相称。

这一年三月中旬，一次在查阜西家的曲会才结束，大家正吃晚饭，刚为张充和擫笛的吴南青接到一份电报，他看完后脸色郑重，起身向大家鞠了一躬，说：“我父亲过去了。”（孙康宜《曲人鸿爪》）他的父亲便是张充和的恩师、曲家吴梅。不久，她又在查阜西席上遇见了二十多年未见的表哥李芋龛，“乍逢成不识，相讯却惊呼”（浦薛凤《太虚空里一游尘》）。虽说乱世悲欢都寻常，这样的经历却仍然是难忘的。

一九二七年，第四次北京光社摄影展览合影。
左起：程知耻、孙仲宽、汪孟舒、王琴希、周志辅、老焱若、王箴伯、刘半农、郑颖孙。

四月，日机空袭再临，查阜西一家不得不决定在龙街租房长住。郑颖孙也带着侄女郑德淑来借居了很短一段时间，随后移居一里开外的山后杨家大院。张充和很快也来到龙街，同样入住此间，且颜其居曰“云龙庵”。这年秋天，大院之内、云龙庵百步之外又来了新住户，这便是查阜西在昆明相识的友人、音乐学家杨荫浏和他的表妹、琵琶名家曹安和（《曲人鸿爪·杨荫浏》、《杨荫浏全集》）。“乐人词家，朝夕晤对”的岁月，由此开始。

张充和的姐夫、作家沈从文记杨家及其大院云“其家为当地首户，房子极好”（《沈从文全集》）。他的长子沈龙朱年幼时一度生活在这里，多年后写《读四姨诗书画选引起的回忆》（《水》复刊第37期）仍记忆犹新：

> 后来由于“躲警报”，那个大院里的人们多数都搬到了呈贡县的龙街，又数我们住的杨家大院里最集中。那是一座由两层楼房和高墙围成的大宅子，北面的一座楼足有五十米长，除了正中一个朝北大门洞以外，对外完全封闭，面对内部通条的长方形大院子，一楼一部分出租给一些外来的小作坊（糖坊、小肥皂工厂等），一部分堆放农具，有两间养着大牲口，二楼是粮仓，不住人。那个长方形的第一进大院子，既是收获季节扬场、晒粮、码草垛的地方，也是节日摆台唱戏之处。中间的第二进楼和最南边的后楼由三组侧楼连成一个横摆着的日字形，依地势比前院抬高了约两米，组合成左右两个长方形的小院子，那大概就算房主人的内宅啦。我们家就住在第二进的东头二楼，楼下住过孙福熙一家。四姨、杨荫浏先生、曹安和女士，住在后楼，外省人十分友善，但生活本身是艰苦的。从前面那张四姨坐在蒲团上的照片可以看出，身后放着茶壶茶杯的条几，实际上是两个木质煤油桶箱和一块画板组成，那盘水果很可能就是临时借用二奶奶供桌上的摆

云龙庵中的张充和

设，七十多年后再看到这张照片，却仍然感觉那么优雅亲切。四姨在1978年写的那篇《云龙佛堂即事》，真实地反映着当年那艰苦却十分乐观风雅的生活，四姨、杨荫浏先生、曹安和女士与当时也在呈贡的查阜西先生就都在那自己拼装起来简陋的琴案上抚过古琴。我记得当年还专门去过石碑村，在一棵大榕树下，听他们演奏箫、笛、琵琶和古琴。

如今，杨家大院巍然仍在，据云已改为中学，可谓弦歌未辍。

四、龙溪幻影

查阜西所写的一组文言小品《龙溪幻影》，成为他们在这段时间里交游的最为翔实的记述。小序里概括：

> 乐人词家，朝夕晤对，渐访得瓮泉、鹭林、缨桥、后坟诸胜，留连日久，乐而安之，不复知身在乱离中矣。诸君风流自赏，行止多足记者，湖山胜境，亦因四时朝夕而变。

《龙溪幻影》正文凡九篇，依次为《话眉坪记》、《锄月桥记》、《突梯坟记》、《白鹭林记》、《抱瓮泉记》、《马缨桥记》、《流花桥记》、《乌龙浦游记》、《白龙潭游记》，明显受到了张宗子小品文的影响，所记也都雅致风流，如一九三九年五月所写《话眉坪记》：

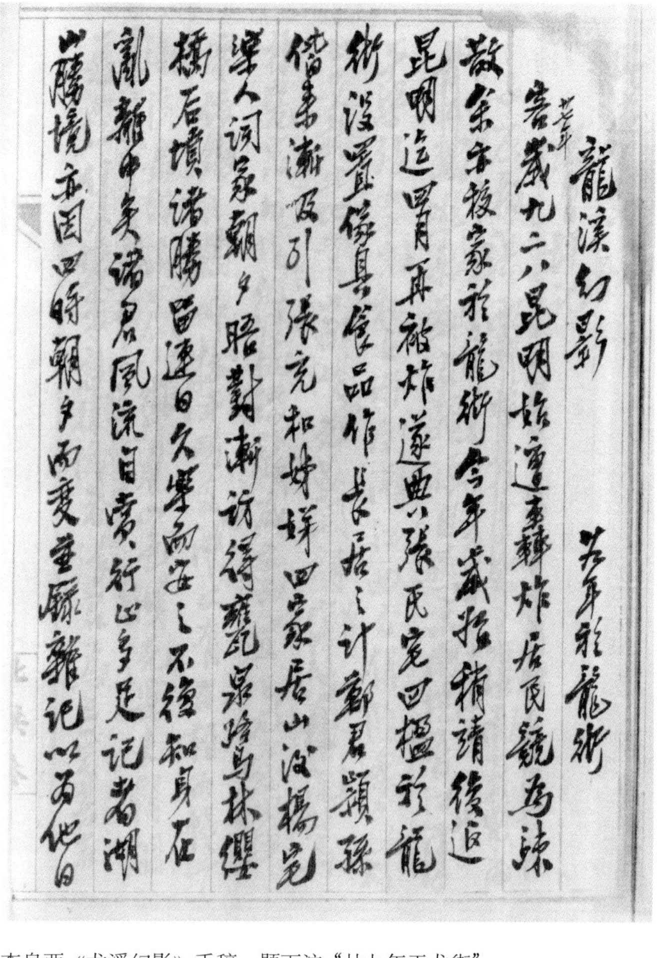
龍溪幻影　廿九年于龍街

查阜西《龙溪幻影》手稿，题下注“廿九年于龙街”。

……尤爱此坪，旁依锄月桥，外接平畴及湖，上有古柏如幢，下激流泉成韵。晨夕坐此，山色湖光与夫朝烟暮霭，[或擫]（引者按：据文义补二字）笛酣歌，或援琴弄响，可以忘怀乱离。乡老张君为三宅其右，感诸君漂泊，寄顿是邦，因葺治其地以供行乐眺赏。予等复斥资琢石为几座，供乡人过客休憩之需。初夏上弦某夕，同人咸集是坪，新月初上，恰似蛾眉，湖光闪灼如瞳，湖外卧佛诸山趁烟浮动，有如其睫。充和谓："是坪为揽胜赏月之极致，今日禊此，宜锡以嘉名，谓之话眉如何？"众状况之，遂以话眉坪名。

《锄月桥记》的画面，更像太平时节的农家风貌：

村人罢耕，多把锄坐桥阑休憩。……（颖孙）佯狂，共儿女憨嬉。每上弦月出，辄徜徉桥上，与村妇长话桑麻。

七月所写《突梯坟记》更极言风物之佳绝、人物之安闲，虽度假胜地亦不过如此：

龙山之阴有后土碑，文曰"山神土地"，墓龙之神，儿辈呼作土地坟。独翁（颖孙自号独幽馆主）、

“古藤杂树，依附堆砌，绿浓阴翳，缀成圜拱。枝叶缤纷，苍翠欲滴，令人过此，留连不忍去。”
左起：郑颖孙、张充和、□□□、□□□。查阜西摄。

龙女（充和自号云龙庵主）常聚诸客坐此，听龙潭诸溪自东西流，外瞰农田千顷，接望滇池如带、西山如屏，北瞻三台，雉堞环抱如莲冠，梁王在南，若隐若现。其地有杂树数章，荫覆如幕；碧草柔浅，布地如茵。自云龙庵北行数百步即达。停午醉饱欲眠，以绳床系树，仰卧飘摇，看浮云倏起倏灭，可以栩然仙矣。

《白鹭林记》不仅记录了“一鹭扬声出林，又渐见三五成群而起，渐复见万千成阵，尽如风吹桃瓣，入湖而灭”的奇观，也记下了“龙女乐水，常独步五里外，至江尾村观海”的逸事。又如九月所写《马缨桥记》说：

古藤杂树，依附堆砌，绿浓阴翳，缀成圜拱。枝叶缤纷，苍翠欲滴，令人过此，留连不忍去。桥之东，水积为潭，可以驻骖洗马。其上有悬崖，不能攀及。溪之北有平冈，高如桥之平，地可三席。浅草如茵，可以坐地鼓琴。此为龙街诸胜之最幽者……

如此美景，真不可想。虽笔之于纸，也“令人过此，留连不忍去”了。

九月所写《流花桥记》，足见雅人深致：

余从独翁、龙女至古城，女摘花盈握，将怀归供之瓶，而半途即萎。女熟视，谓是名碎心花与断肠草，俱恶名，殆不吉之物，欲弃之。余止之曰，宜令泛溪流去。遂折回至印心亭右之石硚上，释手下，溪花朵朵，随流激荡而下，皆目睨而送之。独翁曰："龙山花坞为呈贡十景之一，花落，宜使尽入溪流。此硚无名，今当花坞至湖之半道，宜以流花名也。"名遂定。

郑颖孙、张充和都出身书香世家，乐山乐水、诗书相亲早就融化在他们的血脉之中，不可或离。这是他们与世界交流的途径，也是他们最自然的表达方式。查阜西本质上是有旧学修养与情怀的时代人物，旧式文化的精雅他能充分地体验参与、流连徜徉，半生的坎坷与忧患又使他不失"斯世而有斯人"的惊喜。读这些文字，可以感受到查阜西珍惜满怀，也可以感受到他们并不因困顿而焦躁，不因战争而扰乱内心、丧失自信，一如既往地在山水草木、诗书琴笛之间寄托生活的乐趣。这就是他们的精神支柱，优雅而坚定。

五、当时啸傲见天真

张充和的安徽老家有琴，但她直到认识了郑颖孙、查阜西之后才听到琴声。她喜欢在安静时听琴，喜欢《秋江夜泊》和《潇湘水云》。不过，“从抗日战争开始时起，各地即告弦荒。……主要原因是由于杭州专售古琴弦及上等弦线的老三泰歇业了……”（查阜西《琴弦问题》）。弦之不存，音将焉附？张充和那首《八声甘州》留下了一个有趣的细节：“丝钓借渔舟（以钓丝代杭弦）。”可以推想，古琴的六、七弦最细也最易断，细细的钓丝也只能将就着替代六、七弦了吧。

除了郑颖孙、查阜西，彭祉卿也常来弹琴。张充和比较过他们三人的风格：

郑颖孙最静；彭祉卿最野，一弹琴，玻璃窗

都震动；查阜西比较活泼，处理得正好，弹起来一点不动声色，真了不起。（采访口述）

这里不妨插入一个话题。彭祉卿是查阜西的挚友，一九四四年去世，没能留下古琴录音，但据查阜西与张子谦的称道，他很可能是“浦东三杰”中演奏水平最高的人。但张充和对彭祉卿似乎不甚欣赏。一九四一年夏季，她写信指点语言学家罗常培游览青城山，说：“有一弹七弦琴道士盖与彭祉卿同派，粗慢无礼，亦无其他修养，以不听为是……”（罗常培《苍洱之间》）她晚年忆及彭祉卿，以“野”字概括其琴艺，未必是褒词。从查阜西《彭祉卿先生事略》来看，彭祉卿“一生瑰意琦行，与人落落寡合，一语径庭，辄拂袖而起，幸友辈均能谅之耳。晚近几载，当大时代之艰难，俯蓄之资益困，又因得新欢而竟失恋，廓处悲忧穷蹙，乃复纵酒佯狂，绝弃形骸，自为戕贼。余时或劝其节量续胶，辄报以无情之怒目”，性格中颇有愤世嫉俗的成分，若非查阜西这样的知己，的确不易相处。张充和之不能欣赏彭祉卿其人其艺，说到底是大家闺秀的文化趣味与性情使然，但并不意味着她对彭祉卿毫无了解。这从她的《挽琴人彭祉卿》诗可以看出来：

独有湘江客，击节吟风月。有琴有酒不思归，一声写尽江梅落。干戈大地客愁新，又向空山忆故人。此日一抔掩寂寞，当时啸傲见天真。君家燕子不寻常，犹自依依绕玳梁。但教生死情无极，岂必高梧栖凤凰。人生来去无踪迹，故旧何劳为君哭。不烧楮泊〔箔〕不招魂，痛饮千杯歌一曲。

与词的工丽婉转相比，张充和的这首诗几度换韵，不拘平仄，立意与音节都贯穿着磊落俊迈的男儿气象，正堪与“瑰意琦行”的彭祉卿相配。“又向空山忆故人”当然语涉双关，字面意义之外，还点出已经广为流传的古琴名曲《忆故人》（又作《空山忆故人》）正出于彭氏家传之谱。“当时啸傲见天真”则明明白白地写出了她对彭祉卿的理解——一个真实而率性的人。

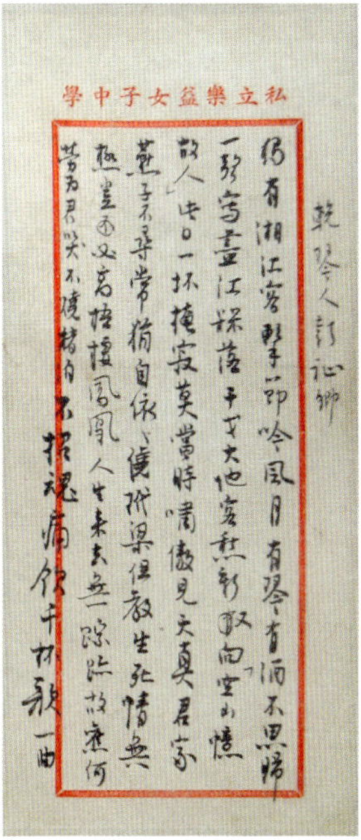

张充和录赠张宗和的《挽琴人彭祉卿》（王道提供）

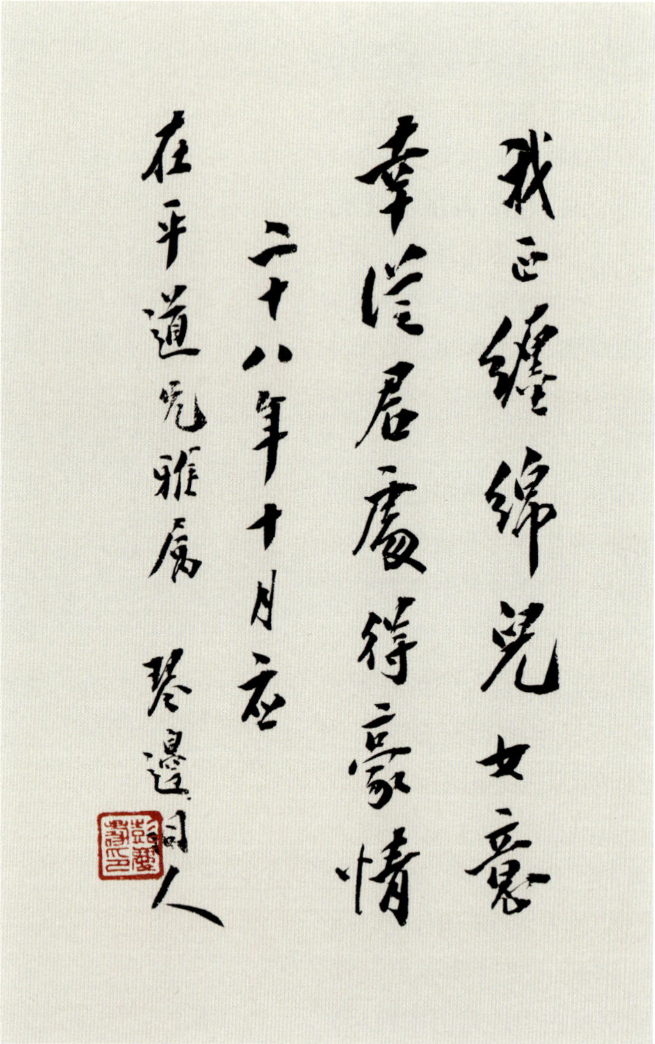

一九三九年十月，彭祉卿题赠梁在平的“我正缠绵儿女意，幸从君处得豪情”。

相传，彭祉卿之死关乎男女情事，查阜西也提到了他因失恋而酗酒，“自为戕贼”，为之惋惜不已。此外唯一的记录就是：

> ……彭先生恋一滇中少女，终而结婚，他曾送我一短句是：“我正缠绵儿女意，幸从君处得豪情。”

没提这场婚恋的结局，却为彭祉卿留下了一句诗。

写这句话的，是他们共同的友人、兼通琴筝的梁在平。多年后，他在台湾回忆昆明诸友郑颖孙、彭祉卿、杨荫浏、张充和，因为政治原因，独独不提查阜西。然而，他又说：

> 昆明附近有一个小市镇，是呈贡的龙街，那里是疏散区，各家老小住在那里，周末往聚。该村面对滇池，风景雅丽，居常饮百果酒，大啖宝珠梨，酒酣耳热之馀，弹古琴名曲，客旅中潜沉于《忆故人》与《潇湘水云》名操中，大有与天地同化之乐。（《琴影心声》）

弹《忆故人》的当然是彭祉卿，弹《潇湘水云》的，自然是那位人称“查潇湘”的查阜西了。知音浏览至此，能不会心一笑？

六、高楼银烛春花影

查阜西原本什么音乐都爱学，少年时也学过一点昆曲，这时遇到张充和，旧兴复燃；张充和实在太喜欢琴声，也忍不住想弹上几曲。琴家曲人，正堪互授。张充和曾经回忆：

> 可古琴太难了，结果我只学了一首入门的《良宵引》，就没能继续下去。因为第二个曲子就有“跪指”这个指法，我指头受不了。所以，我一辈子只会弹《良宵引》这一支曲子。（采访口述）

查阜西《坊间杂记》记载，一九四〇年三月九日他与唐兰（一九四〇年初入住杨家大院）、郑颖孙郑慧父女及张充和等乐游之后：

既醉饱，诸客退之书室，进咖啡，郑女、张姑相继援琴，弹《良宵引》及《平沙》，余亦鼓《长门》，唱山歌、大鼓，度昆、京之曲。

《平沙落雁》这样的中等琴曲应非张充和所能弹，因此文中的次序怕是颠倒了。结合张充和的回忆来看，其时当众所弹当即《良宵引》。查阜西逸兴遄飞之际，写起来难免“不计工拙”。不过，若说张充和真的毕生只会《良宵引》一首琴曲，却又不尽然。查阜西后来回忆，他曾教张充和弹过一支小曲《耕莘钓渭》。倘若此说无误，张充和至少能弹两曲。

张充和学琴粗浅，查阜西学昆曲也差不多。当时与查阜西同学的还有罗常培（莘田）等人。张充和晚年回忆说：“他（查阜西）学昆曲是马马虎虎的，没学几个曲子，还不如罗常培。”并调侃自己：“我学古琴，和查阜西学昆曲一个样。”（采访口述）不过，从那以后，时不时可见查阜西参与昆曲同期和唱昆曲的记载，可见他虽程度不深，却终究没有白学。

张充和曾为查阜西抄过一份《长生殿·弹词》昆曲谱。这是她早年的书法精品，下笔沉着，布局疏朗，满眼空灵之气，更兼唱词直书，工尺斜行，朱色板眼错落，别有妩媚。但最有意思的还是落款“廿九年春二月为阜西先生琴伯抄《弹词》。云龙厂主”，下钤朱

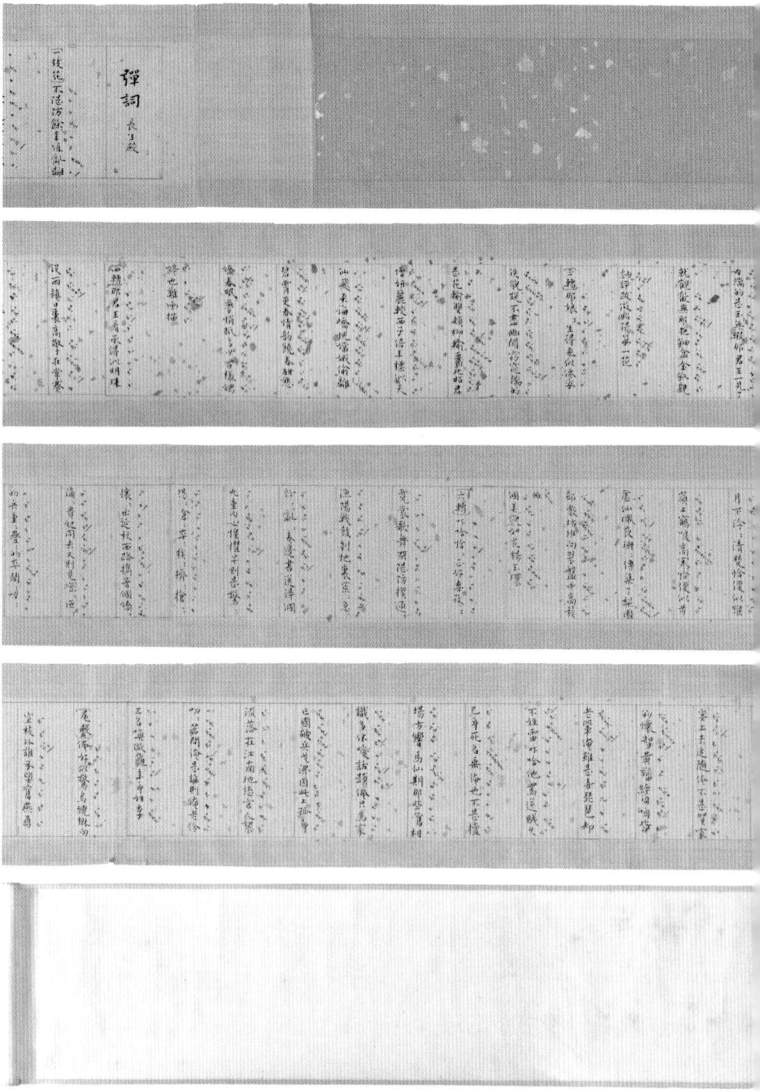

张充和为查阜西手录的《长生殿·弹词》昆曲谱长卷（查阜西家属提供）

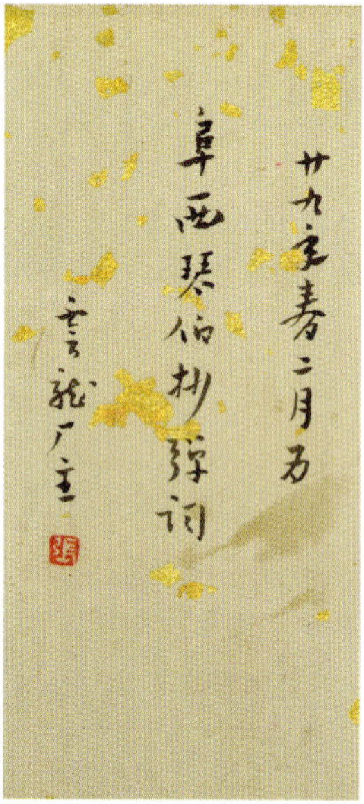

“伯”者尊也，张充和忽然一改“老查”、“四哥”的口吻，恭恭敬敬地端出“琴伯”这样的称谓来。

文小印“张”。“伯”者尊也，她忽然一改“老查”、“四哥”的口吻，恭恭敬敬地端出“琴伯”这样的称谓来，女儿家的顽皮心性也便表露无遗了。

学习昆曲，让查阜西产生了改进昆笛的想法，并开始以飞机上用的铝制汽油管来试制“七声平均律”昆笛。杨荫浏对这一尝试（杨荫浏写作“七平均律”）一直持异议态度。几年后，两位好友为此打笔仗时，杨荫浏还提及“某次晚餐席上”旧事：

> 大约是一九三九年吧？那次席上，有查先生，有郑颖荪（引者按：当作“孙”）先生，彭祉卿先生，张充和女士，罗莘田及丁燮林两先生是否在座，我记不得了。那一次，彭祉卿先生拿出来他所试做的两三支

一九四〇年春，在龙街演出昆剧《游园惊梦》结束后合影。查阜西摄。最前排左起：查意楞（查阜西之女）、查意檀（查阜西之子，即查克承）；中排左起：曹安和、郑慧、张充和、张兆和、徐问铮（查阜西太太）、郑德淑、查庆云（查阜西大姐）；后排左起：郑颖孙、查阜西、杨荫浏。（查阜西家属提供）

> 铝质的笛——或者就是查先生做的也未可知，我记不清楚了——其中有一支是七平均律，大家吹来一听，都说难听，查先生还记得吗？（《再谈笛律答阜西》）

纵是争论，也能让人少些寂寞。一九三九年秋杨荫浏的到来，对查阜西、张充和来说，龙街的昆曲同道便又多了一人，风流便又多了一分。第二年春天，他们演了一场昆剧《游园惊梦》，张充和演小姐杜丽娘，郑

一九四〇年春，《游园惊梦》在龙街上演时的剧照。张充和饰小姐。查阜西摄。（查阜西家属提供）

一九四〇年春，《游园惊梦》在龙街上演时的剧照。左起：郑慧、张充和。查阜西摄。（查阜西家属提供）

慧演丫鬟春香，杨荫浏擫笛，查阜西打板。龙街上的许多老百姓都跑来看，场面热闹极了。演出完毕，查阜西用他那龙街上唯一的照相机给大家拍了一张合影：前排左侧穿着戏服的两位，是今天的主角郑慧、张充和，她们左边的，是曹安和，右边是沈从文的夫人张兆和；最前面的小男孩小女孩，是查阜西才上二年级的儿子查意檀（即查克承）和他的姐姐查意楞；把查意楞搂在身前的，是满面春风的母亲徐问铮，她的右侧，是郑德淑与查阜西的大姐查庆云；后排左侧穿着长衫的高个子是郑颖孙，右侧穿着西装的是杨荫浏；查阜西因为刚刚把快门调到自动挡，赶回队列，还没站好……

后来成为名作家的汪曾祺也见过查阜西的铝制昆笛。他回忆在云南大学念书时参与老师陶光组织的曲会，特地记了一笔，虽然有些小小的失误：

> 查先生有时也来参加同期，他不唱曲子，是来试吹他所创制的十二平均律的无缝钢管的笛子的……（《晚翠园曲会》）

一九四一年秋，一次查阜西去晚翠园参加同期，刚试完特制昆笛，年轻的数学家许宝騄（闲若）上前求字，他以清末梁鼎芬的一幅联语应对：

> 高楼银烛春花影，短径瑶簪紫竹班。

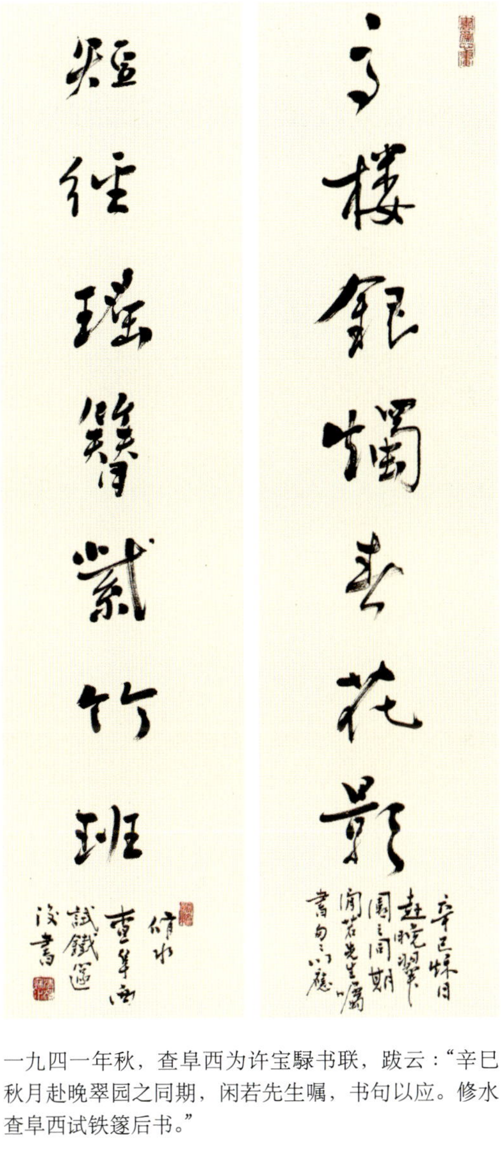

一九四一年秋，查阜西为许宝騄书联，跋云：“辛巳秋月赴晚翠园之同期，闲若先生嘱，书句以应。修水查阜西试铁篴后书。”

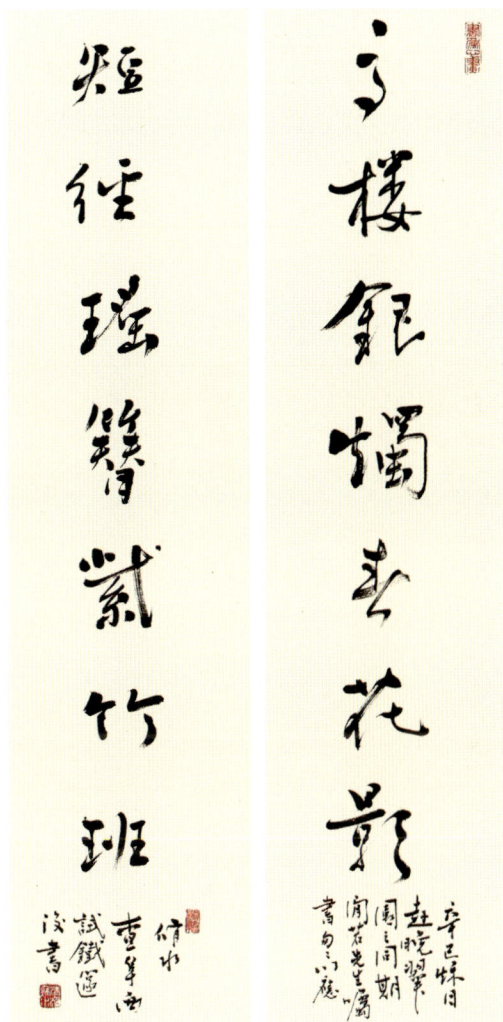

查阜西仓促间写出此联，当是觉得最为应景，而眼前有此景，心中岂无此境？晚翠园曲会，是许多跌宕人生中不可磨灭的亮色。

七、度长空、一掬见龙泉

郑颖孙煮茶之馀，留意搜罗普洱茶的各式烤茶罐，大约收获颇丰，便自号“百畐斋主”。“畐”为古容器名，若不说穿，恐怕谁也不知道这里的“畐”竟是烤茶罐。大凡真名士，但能体现林语堂所谓“生活的艺术”者，几乎无所不精，郑颖孙更是率意挥洒，皆成妙趣。煮茶、搜“畐”之外，沈从文书信中一再提到他对茶叶的品鉴，而查阜西《龙溪幻影》中《抱瓮泉记》一文，又记载了一则他与张充和关于泉水的佳话：

呈贡西郊旧有地泉，县令李君右侯醵金筑亭其上，就泉井砌石如泮，邑人皆称为龙泉。泉甘而冽，独翁、龙女常抱瓮往汲，于云龙庵置巨瓮积泉，可供三日之饮。自就泥炉举火，烹茶享客。

> 客皆知泉为独翁、龙女抱瓮汲来，或为独翁摄影于云龙庵，裸体席地抱瓮，貌清癯道岸，悒悒若有思，为时教部征召独翁正急也。无何，独翁应召飞蜀，龙女悯其烦腻，为擢泉水一樽，畀余以青鸟将去，误致桂林，越一周复飞送巴蜀。独翁得之，深夜自煮，和以祁门红茶，怆然发莼鲈之感，遂谋脱桎梏归龙里，期月如愿，以偿抱瓮汲泉如故。隐伦为纪兹胜迹，遂更名龙泉为抱瓮泉。

考虑到当时龙街上仅查阜西一人有照相机，因此文中所谓为郑颖孙“摄影于云龙庵”者，很可能就是查阜西本人。镜头里，郑颖孙“裸体席地抱瓮”，固是盛夏光景，却也一副魏晋做派，懒懒散散，无拘无束。难怪他被设在陪都重庆的国民政府教育部征召去后，张充和会“悯其烦腻”，通过查阜西在航空公司的关系，特地给他送去一樽龙泉之水；而他煮茶自品之际，又领悟到张充和长空赠水的深意，终于设法摆脱公务桎梏，回到龙街，再享抱瓮汲泉之乐。《抱瓮泉记》写于一九三九年九月，应在郑颖孙自重庆归来不久，他收到泉水当在八月，而其时任职于教育部恐怕尚不满一月。

然而，抱瓮汲泉之乐非但未能持久，且很快发生戏剧性的逆转。

一九四〇年一月十三日，上海《申报》第七页有《教部编辑〈国乐概论〉》新闻一条：

（重庆特讯）教部音乐教育委员会研究组鉴于国乐方面，学校缺乏相当教材，拟编辑《国乐概论》，供给关于国乐之历史知识与现行音乐材料，介绍国乐理论，略述国乐技术，举凡乐政乐教、乐德、乐制、乐律、乐器、乐谱乐歌、乐章、乐舞，无不罗列在内。现编辑该书之计划大纲，已由陈部长批准。关于编辑事项，除由该组主任郑颖孙担任外，并聘杨荫浏为该书编辑主任，罗庸、朱谦之、唐兰、丁燮林、魏建功、罗辛〔莘〕田、闻一多、彭祉卿、查阜西、程午嘉、张充和等为特约研究员。该书决于最短期间出版。

由是可知，此时郑颖孙已复归教育部音乐教育委员会，担任研究组主任。而担任《国乐概论》一书编辑主任、特约研究员的十多人名单中，住在杨家大院者就有杨荫浏、唐兰、查阜西、张充和四人，往来密切者有罗常培、彭祉卿，已占半数；其馀罗庸、丁燮林、闻一多、程午嘉也都可知在查阜西的交游圈之内。这个名单，大约是在郑颖孙、杨荫浏、查阜西共同拟定的基础上形成的。

煮茶、品茗，互为知己，原也不能分别太久。郑颖孙曾被一樽泉水唤归龙街，而一年多以后，张充和

昆明龙泉镇入口

终究从不必在职的特约研究员，转而北上重庆，服务于教育部音乐教育委员会。在那里，张充和接触到了一个更大的世界，她的昆曲也使更多人倾倒。

张充和离开不久，一九四一年十一月十二日，查阜西全家也从龙街迁出，移居昆明郊区的龙泉镇龙头

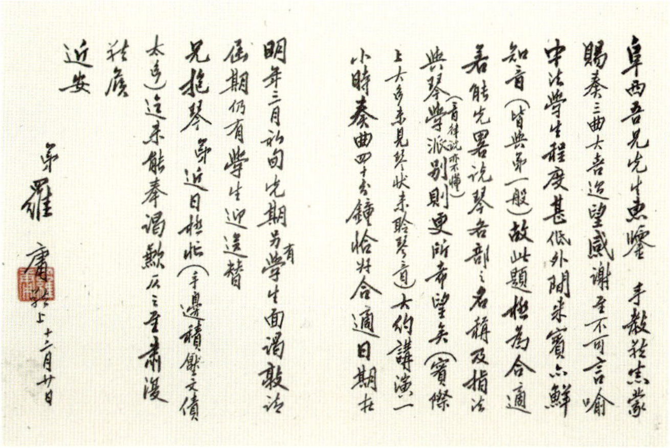
皋西吾兄先生惠鑒　手教並志蒙
賜奏三曲大喜過望感謝至不可言喻
中法學生程度甚低外間來賓亦鮮
知音（皆與弟一般）故此題恐為合適
若能先略說琴各部之名稱及指法
與琴學派別（音律說亦不懂）則更所希望矣（賓傑
上大多未見琴狀未聆琴音）大約講演一
小時奏曲四十分鐘恰好合適日期在
明年三月初旬先期另有學生面謁敬洽
屆期仍有學生迎送替
兄携琴　弟近日極忙（手邊積欠文債
太多）迄未能奉謁歉仄之至　肅復
祗頌
近安
弟羅庸拜上　十二月廿日

一九四二年十二月二十日，兼任中法大学文史系主任的罗庸致函查阜西，邀请至中法大学讲演并奏琴。（查阜西家属提供）

村，那里正是西南联大、中央研究院历史语言研究所、北大文科研究所的聚居之地，“无意中自然集合而成”“当时的一个文化中心”（冯友兰《三松堂自序》）。在此前后，查阜西陆续相识与交往的学者、作家、艺术家有吴文藻、冰心、冯友兰、钱端升、罗庸、李济、梁思成、梁思永、李方桂、闻一多、王了一、老舍、朱自清、任鸿隽、浦江清、陈梦家、游国恩、郎静山、赵萝蕤等等，其中赵萝蕤与北大文科研究所的阴法鲁还成为他的古琴弟子。

昆曲之期仍在继续。追忆晚翠园曲会的汪曾祺则强调了一个细节：

有一个人，没有跟我们一起拍过曲子，也没有参加过同期，但是她的唱法却在曲社中产生很大的影响，张充和。她那时好像不在昆明。

曲社同期之外，还有私下交流。浦江清一九四三年二月七日日记中，有他与陶光去查阜西家“各唱曲数支”（浦江清《清华园日记 西行日记》）的记载。查阜西的昆曲主要学自张充和，浦江清、陶光都是深受张充和影响的曲友，是夜之会，当即汪曾祺所谓在曲社影响很大的张充和唱法。对他们来说，擫笛拍曲固为所嗜，但抑按咏唱之际，又何尝不是一同思念友人的方式？

而张充和呢，三十年后还说：“我抗战经过的地方最喜欢昆明。天气人情风俗都好。”（《一曲微茫——充和宗和谈艺录》）

八、多少欢娱都梦幻

查阜西很想念老朋友们，一九四四年三四月间到重庆出差，公务之馀，终能与琴友曲友多次聚会。据写于四月七日的《巴山夜雨》（载《坊间杂记》），四月一日那天，他独自长途驱车，到了青木关镇的国立音乐院，与在此任教的杨荫浏、曹安和午饭后：

> 转至石家沟，晤见郑颖孙、张充和，弹琴一曲，为充和擫笛，歌《刺虎》三折，就充和箧中，选取沈尹默书自作小诗三帙，均精品。充和为抟元宵一瓯，进，大可口，三时即行……

一九四四年四月二十六日查阜西《答邮亭老卒书》（载《坊间杂记》）在他与杨、曹“置酒唱歌，纵谈音律，微醺且饱”

之后写得更为翔实：

> ……转驱竹林坡下，访百啚斋主郑君颖孙、云龙庵主张女史充和。径取壁上琴，挟两主人各弹一曲，复擫笛伴其歌《三醉》、《扫花》以逞快。翻充和行箧，见藏有沈尹默行书精品数十，择尤夺其三帙，又径取充和自临《兰亭》、管竹各一，驱车径行。

这一天到翌日，查阜西旋风般地高密度走访了徐文镜、程午嘉等多位友人，大慰渴想。

张充和作《呈贡杂咏二首呈阜西先生》诗：

> 天南最忆马缨桥，花色迎人楚楚娇。涉水流春春悄悄，白云飞去月无聊。（马缨桥即小溪桥，由我等命名者。）
>
> 酒阑琴罢漫思家，小坐蒲团听落花。一曲《潇湘云水》过，见龙新水宝红茶。（宝红茶为云南名茶。）

出于格律的需要，诗中将查阜西最负盛名的代表曲目《潇湘水云》改写为《潇湘云水》。张充和一定听查阜西弹过很多曲子，却独独拈出此曲，既是写实，也有致敬的意味。而在读了《龙溪幻影》之后再看这两首诗，可以发现其中处处散落着熟悉的字词与相关的意

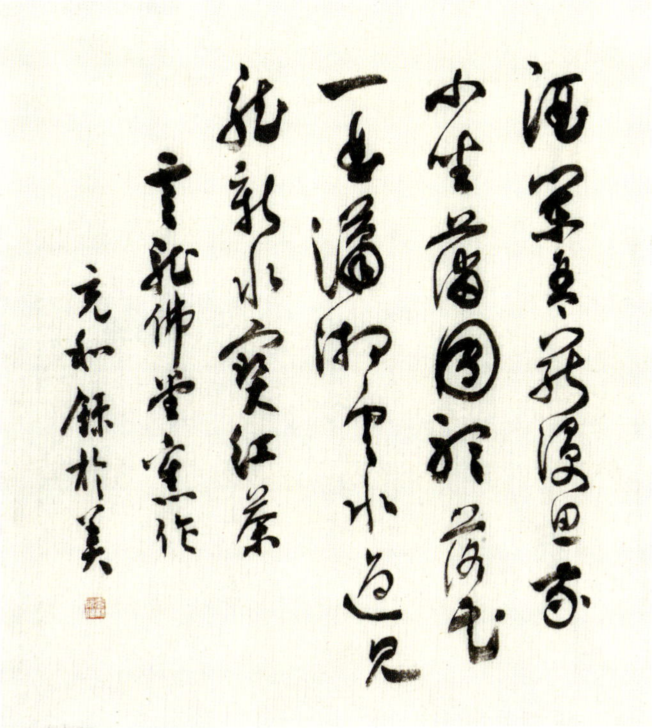

《呈贡杂咏二首呈阜西先生》第二首，似乎是张充和最喜欢的自己的诗作，曾多次书写馈赠友人。

象。《锄月桥记》、《马缨桥记》、《流花桥记》之于第一首，《抱瓮泉记》之于第二首，皆堪作笺注。

查阜西和有《次充和怀旧韵》诗两首：

萍踪一聚小溪桥，风月妍如越女娇。多少欢

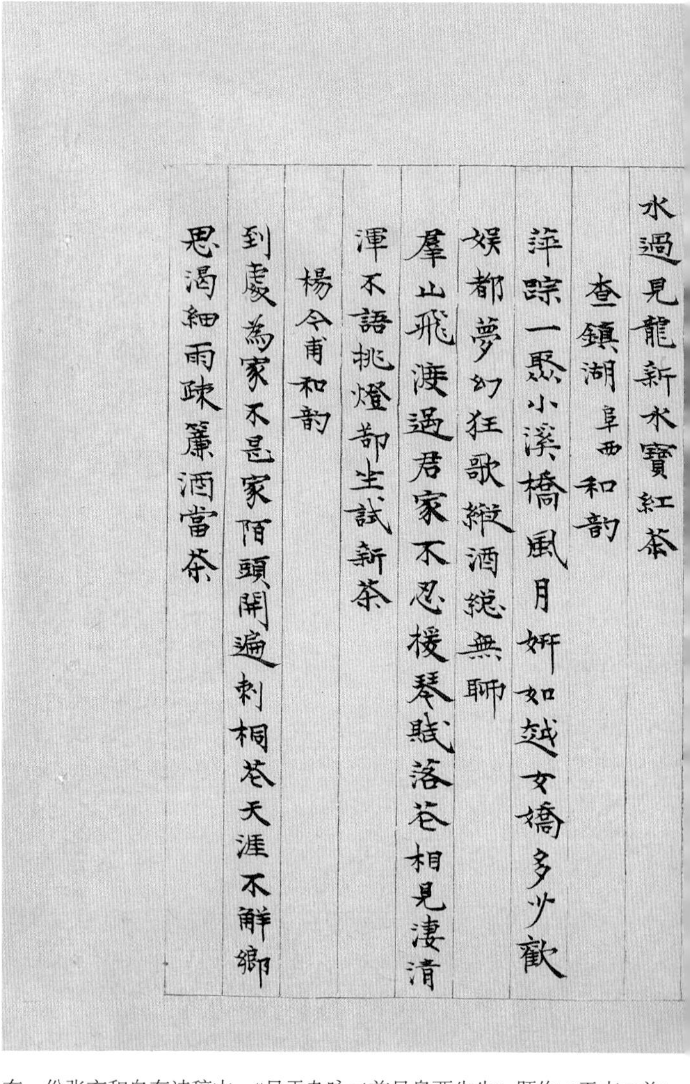
水過見龍新水寶紅茶
查鎮湖 臯西 和韻
萍蹤一聚小溪橋風月妍如越女嬌多少歡
娛都夢幻狂歌縱酒總無聊
羣山飛渡過君家不忍援琴賦落花相見淒清
渾不語挑燈卻坐試新茶
楊令甫和韻
到處為家不是家陌頭閑遍剌桐花天涯不辭鄉
思渴細雨疎簾酒當茶

在一份张充和自存诗稿中，《呈贡杂咏二首呈阜西先生》题作《天南二首》，后附查阜西、杨振声等人的和作。

弔琴人彭祉卿

獨有湘江客擊節吟風月有琴有酒不思歸聲聲寫盡江梅落干戈大地客愁新又向空山憶故人此日一坏掩寂寞當時嘯傲見天真君家燕子不尋常回首依依繞玳梁但教生死情無極何必高梧栖鳳凰人生來去無蹤跡故舊何勞為君哭不燒楮箔不招魂痛飲千杯歌一曲

天南二首

天南最憶馬櫻橋花色迎人楚楚嬌淺水深殘

娱都梦幻，狂歌纵酒总无聊。

群山飞渡过君家，不忍援琴奏落花。百结愁肠无一语，挑灯却坐试新茶。

在给留在苏州的弟子庄剑丞去信详细讲述古琴活动与见闻时，查阜西抄录了这四首诗，并特地说明：

诗里"百结愁肠无一语"之句，是一段奇剧，请你们切莫乱误会。樊伯炎的妹妹诵芬知道充和，而且有深交，他时你们是［自］然晓得。诵芬现在重庆，是充和曲友，时常见面的。假如和伯炎有详细的通信，也许会谈到充和，因为伯炎也认识瘦安先生，都是一门弟子也。

时至今日，"奇剧"为何已无从知晓。樊伯炎是画家、曲家、琵琶家樊少云之子，也是张子谦的古琴弟子。"瘦安先生"即吴梅。

一般说来，和诗会因步韵而约束内容，抒写相似的回忆极易雷同。查阜西的两首和诗的确不算是上乘之作——他自己也未尝留存，反映的感情却是真实的，甚至即便是内容的重复，也不乏反复追寻回味，以求获得新的精神力量的潜在需求。细微处也略具新意。如张诗"琴罢"之后"小坐蒲团听落花"一句中的"落花"，是真正存在的"落花"；和诗中"不忍援琴奏落花"的"落

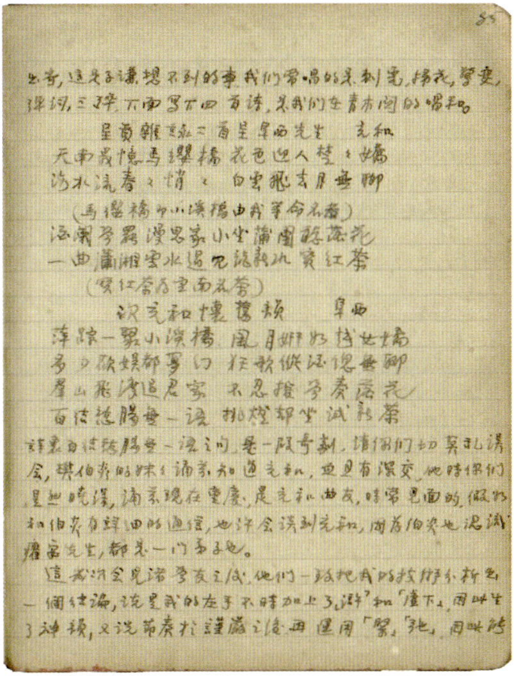

出奇，这是多谦想不到的事。我们常唱的是刺虎、扫花、学堂、弹词、三醉，不过写下四首诗，是我们在青木关的唱和。

呈贡杂咏二首呈皋西先生　充和

天南最忆马缨桥　花色迎人楚楚娇

流水流春春有情　白云飞去月无聊

（马缨桥即小溪桥由我等命名者）

酒阑梦觉浸思家　小坐蒲团静落花

一曲潇湘云水过　记调新汲宝红茶

（宝红茶乃云南名茶）

次充和怀旧韵　皋西

萍踪一聚小溪桥　风月娟娟故故娇

多少欢娱都梦幻　狂歌纵酒总无聊

层山飞渡追君家　不忍摧残看落花

百结愁肠无一语　相携都坐试新茶

诗里百结愁肠无一语之句，是一段奇剧，请你们切莫乱误会，琪伯母的妹妹涵秀知道充和，并且有深交，那时你们还无晓得，涵秀现在重庆，是充和曲友，时常见面的。假如和伯母自拍曲的通信，也许会谈到充和，因为伯母也认识耀宇先生，都是一门子也。

这些诗会见诸曲友之后，他们一致把我的诗作分析出一个结论，说是我的左手不时加上了「淋」和「滚下」，因此生了神韵，又说节奏於谨严之后再运用「紧」「弛」，因此诗

一九四四年五月二十八日，查阜西致函庄剑丞，抄录了张充和《呈贡杂咏二首呈阜西先生》及自己的和作，并介绍经过。图为庄剑丞抄件。

花”，显然是一首琴曲（也许指查阜西擅弹的《梅花三弄》，但难以肯定）。这样落笔，不能不说是一种巧思。

更值得注意的是“多少欢娱都梦幻”的况味，与《龙溪幻影》这个题目的感情是一脉相承的。《龙溪幻影》这个题目，查阜西自注题于一九四〇年，很可能是郑

颖孙、张充和两位主角刚刚离去后所写。《呈贡杂咏二首呈阜西先生》、《次充和怀旧韵》作成于一九四四年春，距离龙街之游也不见得多久。逝去的时光如此之快地成为缅怀的对象，只能说那段良辰美景、赏心乐事是何等的牵绊人心。“梦幻”、“幻影”这样的字眼，真实地写出了他们，尤其是查阜西自己的内心。除了文字，查阜西在立意上也处处追摹张宗子，但还是有所不同。张宗子最初在享受欢乐时绝无有朝一日会失去这些的担忧，他的“梦忆”与“梦寻”，是在繁华落尽、百转千回之后遥遥地梦回往事；查阜西的“梦幻”、“幻影”，却是享受乱世中偷来的岁月静好时已觉奢侈，心怀彩云易散的隐忧，一旦梦醒，更觉惘然。

第三章

萬里寄寒泉

九、干戈未损好春光

一九四四年，第二次世界大战的形势彻底扭转，同盟国开始着手胜利后的重建。次年春，中国向美国派出了一支由十人组成的考察团，查阜西作为刚刚组建两年的中央航空公司副总经理，受命参与，负责考察美国的民用航空事业。然而，“与某方之合作计画甫成，而政府合资政策突变，来电婉谢，于是功告垂成”(查阜西致陈梦家、赵萝蕤书，一九四五年十一月十七日)。但这次政治上失败的旅行，却是成功的古琴之旅。此前，美国曾出现零星的古琴活动，但引起一定反响的正式演出，却只有一九三八年十月到次年五月间中国文化剧团在美巡演时卫仲乐的演奏。查阜西的到来，为久已消歇的琴韵再展新颜。在差不多一年的时间里，他在波蒙纳(Pomona)学院、加州大学伯克利分校、俄亥俄州音乐

一九四五年春至一九四六年春，查阜西在旅美期间为美国各界人士奏琴，所用之琴即宋琴“寒泉”。（查阜西家属提供）

学院等高校，美国国会图书馆、美国音乐家协会、美国国家地理协会等机构举办古琴演出与讲座；在美国国会图书馆鉴定古琴，拍摄了“七百馀尺、都五百馀卷（引者按：七百馀尺胶卷不可能有五百馀卷，应是五十馀卷）”的古琴文献正片，并留下《潇湘水云》、《普庵咒》、《梅花三弄》、《忆故人》、《鸥鹭忘机》、《渔歌》录音；接受《华盛顿邮报》、《时代周刊》的采访；与陈梦家、高罗佩、赵元任等故友相逢，赵元任还要他“将

《潇湘》在其家中亲自制留蜡片”（查阜西致陈梦家、赵萝蕤书，一九四五年七月三十一日、十一月十七日）……其间所用的古琴，就是宋琴“寒泉”。

这次赴美，查阜西原本没准备带琴，“来时因 Dr. Van Gulik（引者按：即高罗佩）之敦劝，故将宋琴‘寒泉’随身携带”（查阜西致陈梦家、赵萝蕤书，约一九四五年初夏）。在美国期间，这位资深摄影发烧友出于对政治的失望，颇想回去后以开照相馆为生，买了大量摄影器材。等到一九四六年春启程回国时，行李实在太多，只得舍鱼而取熊掌，将“寒泉”盛以琴匣，寄存在国会图书馆的友人处，留待日后再取。

其时抗战已经胜利，国共双方正在“和谈”，和平建国的气氛极其浓烈，绝大多数人都对未来的生活充满了期待与热情，颠沛半生的查阜西也一样。四月五日，他抵达上海，不久就开始重新整修在苏州南园的“后梅隐庐”，扩大面积，种下许多美国带回的花草种子，在盘门东大街的张氏花园订了不少果树苗栽在后院。一九四七年六月，他将张充和七年前抄的昆曲谱《长生殿 · 弹词》精心重裱，并请友人、同事，也是琴人的吴鹤望署签。生活好整以暇，似乎焕然一新。

朋友们也都陆续归来，各安所居，一如从前。张家姐弟的父亲张冀牖创办的乐益女中，成了理所当然的曲友雅集之所。一九四六年十月二十七日下午，顾颉刚就在这里遇到了听拍曲的张宗和、定和、充和、兆

一九四七年六月，查阜西将张充和抄的昆曲谱《长生殿·弹词》精心重裱为手卷，并请吴逸群（鹤望）署签。（查阜西家属提供。为求便利，本书所附别册将卷子装改为经折装）

和与李方桂夫妇、姜亮夫夫妇，还有才归来半年的查阜西。不过，也许是曲友太多，那天只有张宗和唱了《惊变》、李夫人徐樱唱了《惊梦》。（《顾颉刚日记》第五卷）

查家、张家自然也是一派高朋满座、雅韵不绝的景象。定居苏州的湖南琴人李伯仁，一九四七年在查阜西家中欣赏张充和唱曲，评为“清婉绝伦”，又“见其昆明《游园》写真，啮扇传神，柔情入化，恍疑丽娘重生”。时隔多时，他竟在次年三月二十九日忽然梦见张充和“扮演《游园》”（《玄楼日记》稿本第十三册，但将名字误写为张冲和），可见印象之深了。

张充和《鹧鸪天·战后返苏昆曲同期》词就是这一阶段生活的生动描绘：

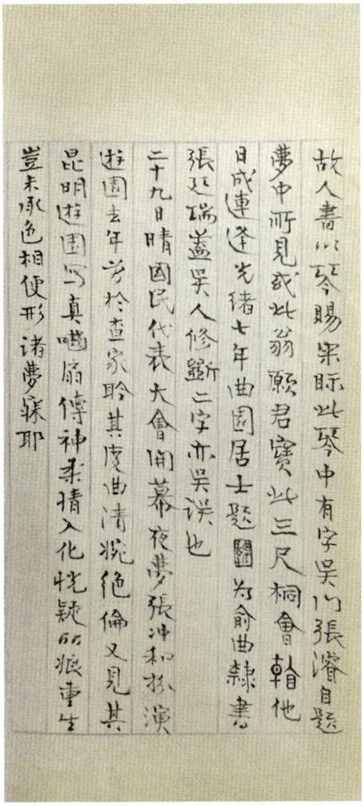
故人書以琴賜案眎此琴中有字吳門張濬自題
夢中所見或此翁願君寶此三尺桐會輸他
日成連逢光緒七年曲園居士題[illegible]為俞曲隸書
張廷瑞蓋吳人修斷二字亦吳誤也
二十九日晴國民代表大會開幕夜夢張冲和扮演
遊園去年嘗於查家聆其度曲清婉絕倫又見其
昆明遊園寫真嚙扇傳神柔情入化恍疑麗娘重生
豈未承色相使形諸夢寐耶

一九四八年三月二十九日，李伯仁《玄楼日记》记载，他梦见张充和“扮演《游园》”。湖南省图书馆藏。

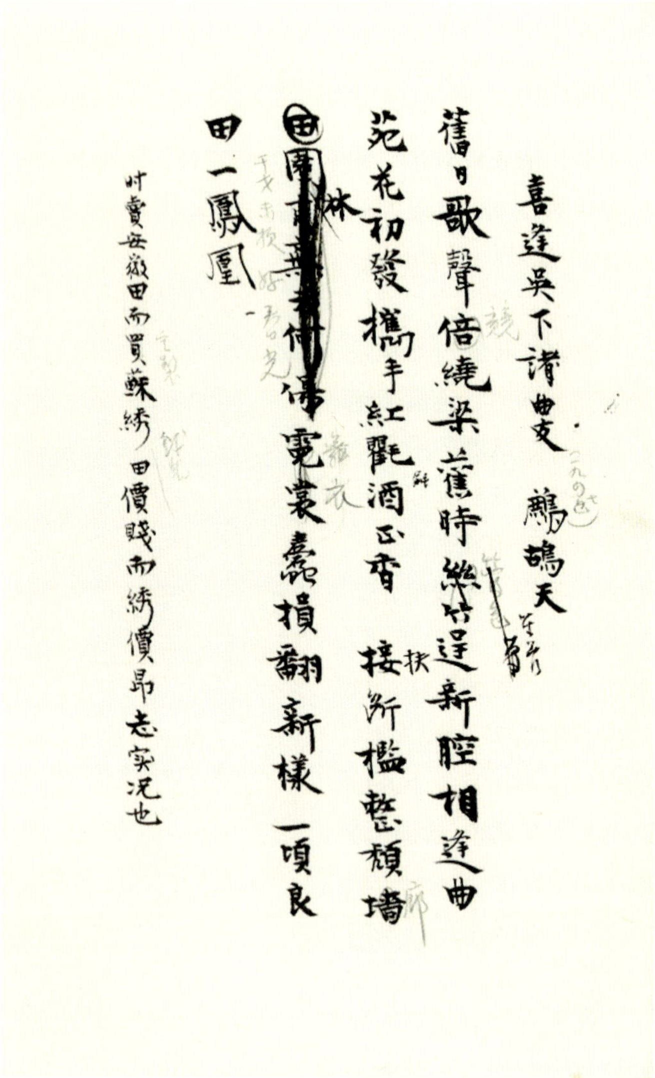
喜逢吴下諸曲友 鷓鴣天

舊日歌聲倍繞梁 舊時絲竹逞新腔 相逢曲

苑花初發 攜手紅氍酒正香 接扶漸檻 整頽墻

田園荒蕪[illegible] 霓裳蠹損翻新樣 一頃良

田一鳳凰

叶實安徽田而買蘇綉 田價賤而綉價昂 志實況也

张充和《鹧鸪天 · 战后返苏昆曲同期》手稿

> 旧日歌声竞绕梁，旧时笙管逞新腔。相逢曲苑花初发，携手氍毹酒正香。 扶断槛，接颓廊，干戈未损好春光。霓裳蠹尽翻新样，十顷良田一凤凰。

他们两家常相往来。查阜西去观前街，必定路过张充和家，也会去坐坐。张充和回忆：

> 他这个人很可爱，又昆乱不挡，什么都会，还会装苏州男人的小腔，因此每次一来，我家上上下下都喜欢，佣人们看到他高兴，太太们看到他也高兴。（采访口述）

如何可爱，也有实例。一九七六年六月底，张充和在给宗和的信中还提到：

> 你还记得他（引者按：指查阜西）来九如巷，要吃八十个小笼包子的情形？我那时买了八十个，一会儿见你看着馋，也帮忙吃。你两人用一支筷子扎一个一口两个，把全家人站在旁边笑得不可开交。以后还有个秘密，你不知道，还以为吃了八十个呢。其实高干要小侉子奶奶藏了二十个，怕吃坏了查先生。此事查阜西更不会知道。（《一曲微

张充和，约一九四七至一九四八年间。

茫——充和宗和谈艺录》）

这可真是一个鲜活的查阜西的形象。由此也可以想象，为什么查阜西能与雅如张充和彼此欣赏、野如彭祉卿交同莫逆。他是有经历也有性情的人，既不老于世故，也不流于任性，始终保持着那么一份可贵的天真。

张充和与家人常去后梅隐庐。一九四七年六月三日中午，查阜西跑去张家吃饭，张充和飨之以酱猪肉，又与张宗和相约下午去查家。三点多张充和午睡起来，张宗和穿上正式的西装，替姐姐打着伞，慢慢走过去。张宗和记载，“到瑞光塔底下查家，他正在弄地”，果然是重整家园的劲头。这个下午，张宗和是看查阜西从美国带回来的立体五彩西洋镜和画报度过的，张充和则吃了点查家自制的馒头。当天姐弟俩有点闹别扭，但七点多离开查家时，心情颇有好转。（《张宗和日记》手稿）

那时，沈龙朱跟母亲张兆和在苏州一个学期，又成了查家常客。在这里，他看到四姨弹琴（《水》复刊第 37 期）。查阜西的摄影技术也派上了用场，给张家人拍了许多照片。一九四九年十月中旬，张宗和给四姐写信时还念叨：

> 另外去年夏天我们在苏州时查阜西替我们照的五彩照片当时没有地方可以印，底片一直留着，现在寄到美国来请你们替我们印一下。（《一曲微茫——充和宗和谈艺录》）

《八声甘州》词中“重招梅隐”一句，就是指这段时光。

十、剑胆琴心

抗战爆发前三年，还是欧亚航空公司秘书主任的查阜西，注意到公司里有一位才华极高的女作家关露，政治态度左倾，却又不加收敛。与党组织脱离多年，查阜西欣喜地遇到了志同道合者，但前尘往事不便透露，只能不断提醒关露不可张扬，遇事则极力弥缝与回护。关露很快感受到了他的善意，在他面前讲起革命形势愈发来劲。四十多年后，晚年的关露对来香山看望自己的查阜西之子查克承说：“我把他说得热血沸腾，他大叫起来：‘你不要再讲了！再讲我恨不得要去……’”这里强行忍住的后半句话大概是“参加革命了”。

不到一年，党组织感到关露太过扎眼，极不安全，让她辞职离去。之前，关露计划写工人题材的小说，查阜西曾推荐在五洲固本皂药厂做工的妻妹徐鸿给她。

这张穿着睡衣弹琴的照片，一九三六年查阜西自摄于苏州家中，原题“好整以暇，于明窗净几之下鼓《南薰》一曲，可以致太和”。在一九四六年五月妻妹徐鸿到来之前，查阜西对生活的期待，大约与十年前相似。

不到两三年，她不但引导徐鸿走上了革命道路，还介绍她认识了作家柳湜，最终促成了柳、徐二人的婚姻。而最终重新点燃查阜西内心革命之火的，正是柳湜、徐鸿他们。

一九四六年五月，徐鸿从延安经重庆飞抵上海，几天后到了苏州的姐姐、姐夫家。对她来说，后梅隐庐是另一个世界：

偌大的院子，宽敞的房屋，好像一个大花

> 园。……园中桃树上结的桃子已经成熟，甜美新鲜，天天可以品尝；靠南有一条小河，阜西及外甥意檀经常在那里游泳。国家激烈动荡的政治局势，似乎距此非常遥远，真像处身世外桃园〔源〕似的。姐夫每周末下午从上海回来，一有时间就端出他的古琴，神情专注地弹拨起来……（《“阿妹头”自述》）

过了一阵，柳湜赶来，与徐鸿一起和查阜西畅谈多时。他们带来了查阜西的党内老战友李维汉、谢觉哉的问候，并分析天下大势，征询查阜西对共产党的看法，终于提出，希望查阜西回归党的队伍，利用自己的身份做掩护，协助党做统战、策反以及搜集、提供情报的地下工作。

十九年前脱党，原本就是与组织失去联系不得已而为之的。也许是少年时代的救国救民之梦、青年时代的共产主义理想、以天下为己任的书生情怀、迎难而上的壮士豪情，让年过半百、身居要职的查阜西慨然允诺，从此在中共上海情报委员会书记吴克坚的领导下工作。他放弃了精心经营的后梅隐庐这一方小天地，投身于时代馈赠给自己的波澜壮阔的大世界。

身在隐蔽战线，查阜西极其谨慎，尤其在意家人的安全。形势严峻时，他曾将一辆吉普车长年藏在离家不远的苏州北局祥生汽车出租公司，让十六岁的儿子查克承练就一身娴熟的驾驶技术，做好随时带上全

一九四八年，Hans Frankel 与张充和。后来，张充和给 Hans Frankel 起了一个中文名字“傅汉思”。

家转移的准备，同时给他一支比利时造 F&N 牌手枪以备不时之需。幸好形势发展太快，危机一一化解，这些都没用上。

然而，老革命也有失手的时候，尤其在亲近的人面前最难设防。张充和晚年曾对学生说起，有一次，她无意中发现了查阜西的秘密，查阜西笑了，叮嘱了一句：“不要让别人知道呀！”从此越发小心了。

一九四七年中秋后，张充和应聘北上，到北大教授书法与昆曲。约半年许，她认识了正在北大西

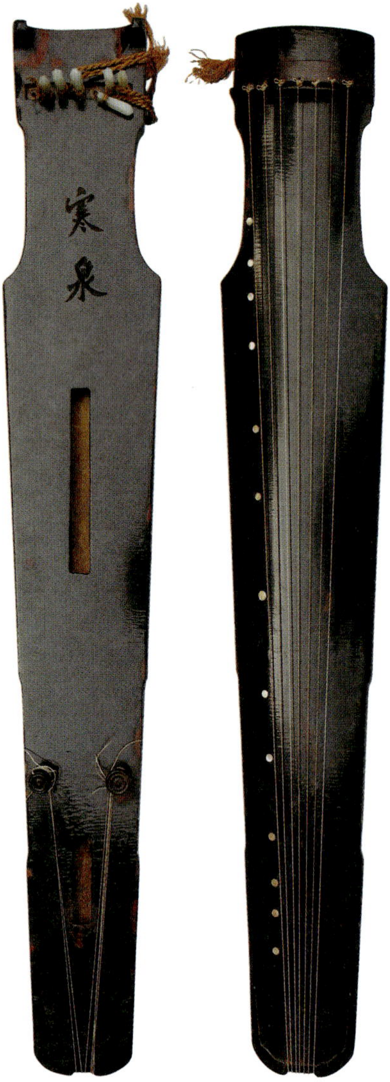

宋琴“寒泉”

语系执教的德国犹太裔学术世家子弟 Hans Hermannt Frankel，两人在一九四八年十一月十九日结婚。一个月后，他们南下，从上海远赴美国。后来，Hans Frankel 从事汉学研究，张充和给他改了一个中文名字：傅汉思。

深交十载的“四姐”结婚，查阜西自然要送上一份不寻常的礼物。他肯定想起了张充和学琴的往事，也许还想起了已于一年前将抗战中常用的“绿绮”琴赠给了中学时代的恩师、学者王易，同时又觉得两年前未将“寒泉”携回似有天意……他告诉张充和：你们到了美国，去国会图书馆找我的一位朋友，我存放在他那里的古琴“寒泉”，就是给你们的结婚礼物！

多年以后，查阜西才知道，原来一九四五年他在加州大学伯克利分校弹奏“寒泉”时，Hans Frankel 就在座中；又多年以后，张充和说起收到的结婚礼物有三件最佳，第一件便是“寒泉”。

十一、琴名辨正

欲说“寒泉”，先从“响泉”说起。《今虞琴刊·古琴征访录》著录了查阜西当时所用的古琴七张：漱玉、九霄步虚、雩风、雪夜冰、响泉、长风、潜泉。其中对“响泉”的介绍大致是：仲尼式，形体适中，桐梓面底，细牛毛断纹，声音松透，玉轸，腹款为“乾道四年紫阳朱氏藏”、“光绪十二年云闲重修”。又据查阜西一九五九年在《桐梓流声录》中所记，此琴系在上海购得，年份应在一九二七至一九三七年之间。

这张“响泉”，就是查阜西赠给张充和的“寒泉”。

张充和曾不止一次为此更正。一九七一年九月，她写信给编印《琴府》的香港琴人唐健垣，寄去了“寒泉”琴名的拓片，并作说明。唐健垣将之影刊于《琴府·近代琴人录》中。

七十年代，英国汉学家、音乐学者、琴人毕铿（Laurence Ernest Rowland Picken）常去耶鲁，一次在张充和处见到“寒泉”，想起了抗战末期在重庆与查阜西的交游。张充和又特拓“寒泉”二字并题跋：

> “寒泉”琴，著录见《今虞琴刊·征访录》（误书“响泉”），查阜西先生来美演奏时所抚之琴，后存国会图书馆约二年。一九四九年阜西以此琴相赠。闻阜西已归道山，今 Picken 先生见此琴相对叹息。拓此并志。

一九八一年九月六日，张充和抄录《八声甘州》给弟子陈安娜，在小序后加了一句：

> 琴为照雨室旧藏，“寒泉”，《今虞琴刊》误书“响泉”。

九十年代前期，查阜西的琴歌弟子沈德皓初到美国，拜访张充和后写了一篇《不寻常的结婚礼物》，说：

> 接着，张女士又拿出珍本《今虞琴刊》，指着其中刊印为“响泉”的琴说：“就是这张琴！不过，印错了，不是‘响泉’，应是‘寒泉’。”我想，能够指出此处编印的笔误者，如今也唯有张女士一

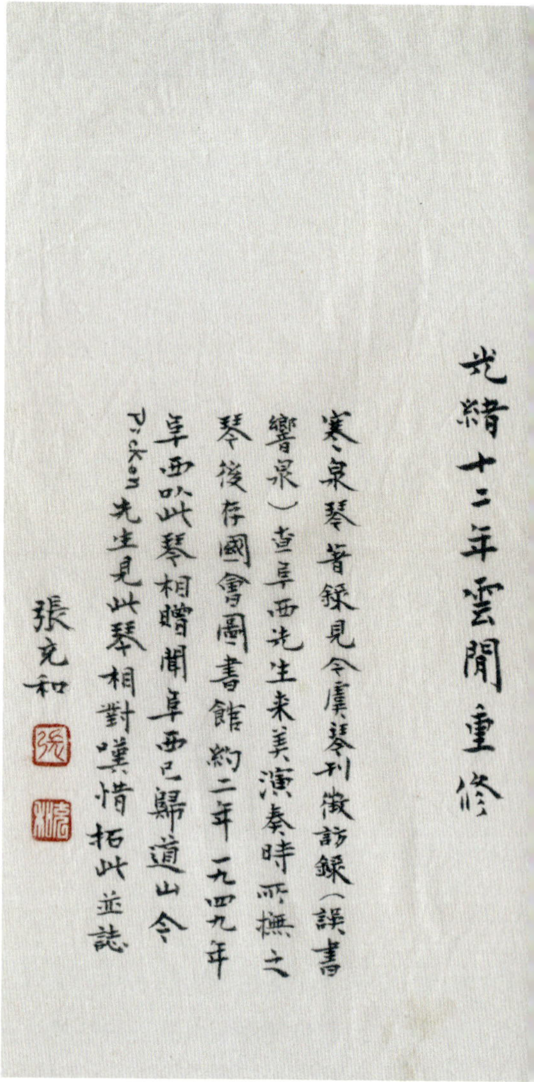

光緒十二年雲間重修
寒泉琴 著錄見今虞琴刊徵訪錄（誤書
響泉）查阜西先生來美演奏時所撫之
琴後存國會圖書館約二年 一九四九年
阜西以此琴相贈 聞阜西已歸道山 今
Pickon 先生見此琴相對嘆惜 拓此並誌
張充和

张充和自拓“寒泉”琴名，抄录腹款，并作跋文。

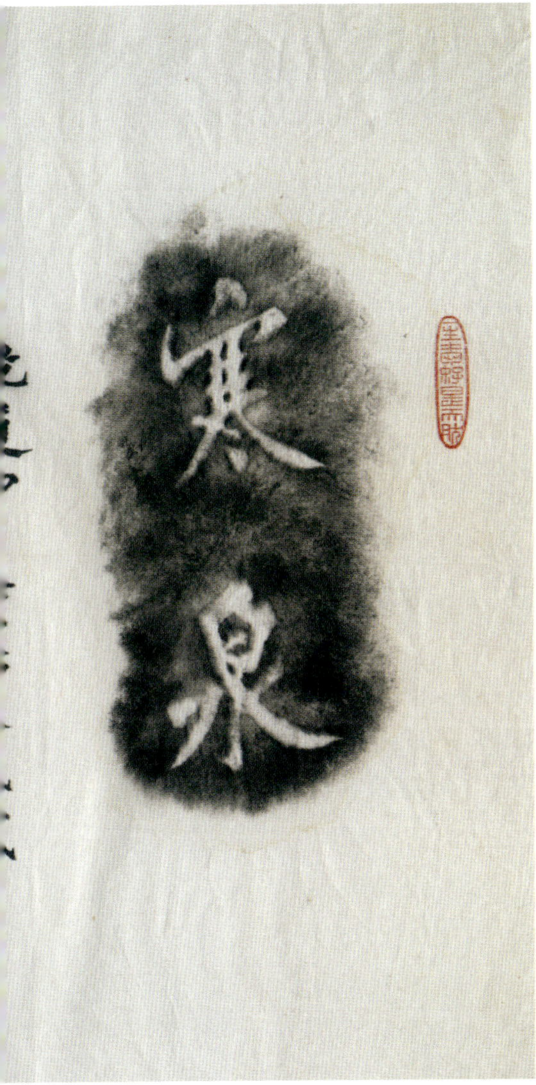
寒泉

人了。

……同时，（张女士）也提到如有机会，希能把《今虞琴刊》中的“响泉”正名为“寒泉”。

文章在《今虞琴刊续》发表时，也同样刊出了琴名的拓片。

也就是说，数十年来，张充和始终认为《今虞琴刊》上著录此琴为“响泉”是“误书”、“印错”。但事实恐未必如此。

首先，查阜西一九五九年所写《国庆十周年藏琴记数》提到：“抗日时挟一琴飞滇，后命名‘寒泉’……”路过成都时与琴友裴铁侠会面，裴铁侠对查阜西的琴不够满意，送了一张“绿绮”。《桐梓流声录》也说“绿绮”为“一九三七裴铁侠赠”。由此可知，这张琴命名为“寒泉”，是一九三七年抵达云南之后的事。在此之前，这张琴必当另有琴名。既然能肯定这是同琴的异名，那么查阜西“飞滇”前，这张琴的名字应该就是“响泉”。《今虞琴刊》正好是在一九三七年十一月上海沦陷前后出版的，所记录的，是此前的情况。

其次，查阜西曾经提到他最早的两张琴“良塘”、“馨音”，并非琴上镌有名字，而是他自己的“追名”，即失去之后用来称呼的琴名。与之类似的，应该还有“拟名”，即为正在用的琴拟了一个名字，却始终没有刻到琴上去。《今虞琴刊》所记的“响泉”，应当是查阜西

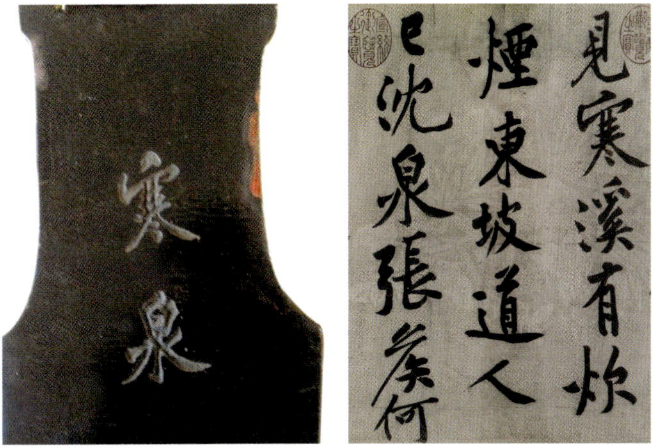

以“寒泉”琴名与黄庭坚《松风阁帖》对比，可见“寒”、“泉”二字正是从《松风阁帖》中集得的。

的拟名。有可能是他得此琴不久，尚未及将琴名刻上去。

一九四二年一月二十五日，查阜西曾写《修琴纪实》(载《坊间杂记》)一文，几次提到“云闲僧所修乾道四年紫阳朱氏琴”、“今紫阳朱氏琴借赵萝蕤女士”、“云闲宋琴”；一九四四年四月二十六日查阜西《答邮亭老卒书》提到“宋琴响泉”——可见到此刻，“寒泉”一名还是没有出现。

第三，《琴府》在“寒泉”拓片旁有注云：“此二字绝似黄体，极逼真庭坚。”查黄庭坚《松风阁帖》，正有此二字，与琴上所刻几乎完全一样，唯一不同者是“寒”字起笔的一点与下一笔相连。毫无疑问，“寒泉”

的琴名正是从《松风阁帖》中集得的，镌刻时抹掉了连笔。从《松风阁帖》无“响”字还可以推测，查阜西最初可能仍想用“响泉”，但在仓促间找不到堪可匹配的“响”字，只得从《松风阁帖》中截取了“寒”、“泉”二字。从此曾拟名“响泉”的宋琴,刻上了“寒泉”的新名。这大概是一九四四年四月底至次年春查阜西赴美之间的事。

由此也不妨衍生出两个疑问：其一，查阜西为什么一定要用《松风阁帖》？须知乱离之际虽无检阅大量碑帖的条件，却未必集不到同一出处的“响”、“泉”二字。较为可能的推测是，查阜西作为江西修水人，肯定知道黄庭坚是自己的同乡先贤，他选择从《松风阁帖》中集字，本身便是有意赓续前贤风流的一种象征性行为。其二，有无可能是“响泉”琴名已经刻好，查阜西却不满意，补漆后换刻了“寒”字？也不然。因为“寒”字之下，并无补漆的痕迹，而它周边的断纹，也没有因补漆而突然中断的现象。

因此，《今虞琴刊》上的“响泉”，当非“误书”，也无须正名。

十二、“蠙山琴士韵泉顾氏”考

兹在《今虞琴刊》的基础上作进一步介绍。“寒泉”通长一二二点五厘米，有效弦长一一二点五厘米；琴额上宽十六点二厘米，下宽十五点六厘米；琴颈较唐琴为短；琴肩约当二徽半，较耸，宽十九点五厘米；收腰在近八徽至过十徽之间；琴尾宽十二点八厘米；面板弧度略圆，低头不甚明显；岳山略低，琴弦与琴面较近；边沿厚度：肩中为四点九厘米，尾部为四点三厘米。整个琴体显得极为秀润。琴身髹黑色漆，因经修缮，间有朱砂；蚌徽；琴背开长方池沼，龙池纳音基本铲平，池沼内木质已呈金黄色；琴名刻在龙池上方九点五厘米处，馀无铭文；两个护轸曾脱落或换过，显经重新安装。断纹非如《今虞琴刊》所记细牛毛断那样简单，而是琴面以小蛇腹断、小流水断为主，

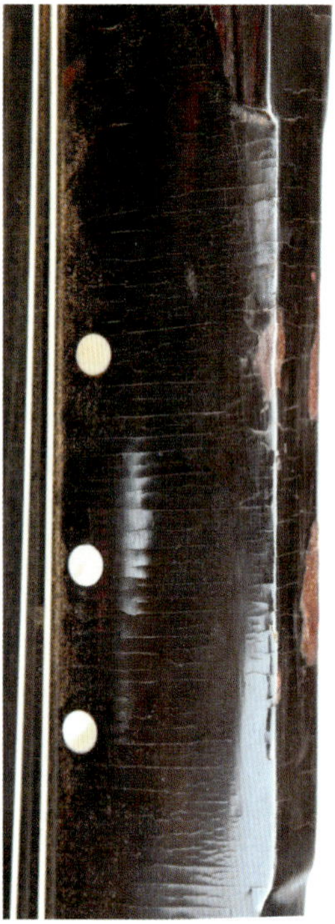

“寒泉”琴局部断纹

略起剑锋；琴背以细牛毛断为主，间有流水断、蛇腹断；面底局部有多处产生“梅花头”；琴额有冰裂纹。通体造化天然，美不胜收。试弹之下，其断纹并不影响左手走弦，而音色温润醇厚。综合考量它面桐底梓的材质、木料的年代、制作的风格与工艺、漆面断纹的多样性（尤其是具有较为少见的梅花断）等等要素，“寒泉”的确具备南宋时期古琴的很多特征，查阜西定为宋琴是合适的。

“寒泉”琴腹内有墨书，龙池右侧为“乾道四年紫阳朱氏藏”，左侧为“光绪十二年云闲重修”，凤沼右侧为“嶰山琴士韵泉顾氏监修”，三处墨色较新，笔迹接近，显然是一次所书。“乾道”为南宋孝宗年号，乾道四年大致相当于公元

“寒泉”琴龙池左侧有墨书“光绪十二年云闲重修”，右侧有墨书“乾道四年紫阳朱氏藏”。

一一六八年，“紫阳朱氏”为大学者朱熹。历史上的朱熹不仅是琴人，也是比较重要的琴学家，有琴学论述及琴铭传世，镌有他名号的琴也不时可见。不过，“寒泉”虽是宋琴，要说是朱熹的旧藏证据还不足，当然也不能轻率否定——即便是琴腹内年款的墨色晚近亦不能说明问题，因为当初修缮者自有依据也未可知。对此暂时存而不论，也许是比较审慎的态度。

值得特别探究的是“光绪十二年云闲重修”、“蟫山琴士韵泉顾氏监修”。巧的是，“寒泉”并不是如今可知的唯一有如此腹款的古琴。一九一九年苏州怡园琴会刊行的《会琴实纪》卷六《琴考》记载：

> 虎阜梵音，仲尼式，细蛇腹断纹。湘西吴兰荪家藏。龙池内刻“光绪十二年云闲重修，蠙山琴士韵泉顾氏监修”楷书，琴背刻有“虎阜梵音”四字。又刻题识一篇曰：“此琴声音清越，以廉值得于吴市，知为云闲开士重修，故合法度。从来良材非遇良工，亦复湮没不彰。因以‘虎阜梵音’名之，不忘所自也。戊午天贶节湘西吴建识。”

吴兰荪与查阜西交厚，两家

“寒泉”琴凤沼右侧有墨书“蠙山琴士韵泉顾氏监修”。

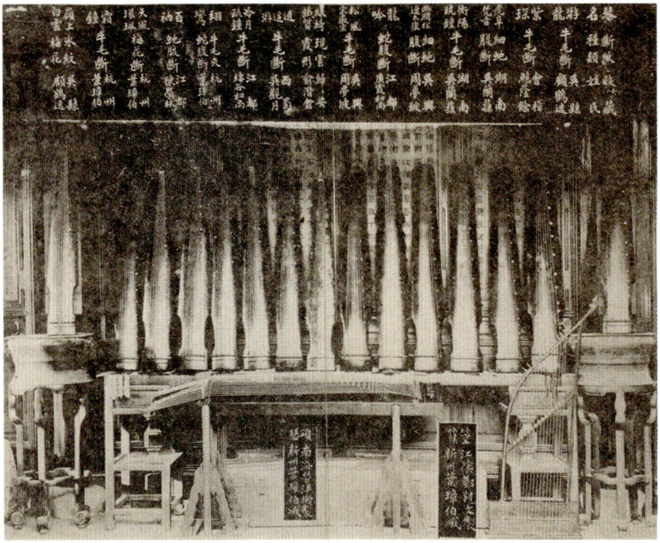

一九一九年，吴兰荪曾携“虎阜梵音”琴出席苏州怡园琴会，参与乐器陈列，供鉴赏品评。图中右起第三琴即“虎阜梵音”。

住处临近，查阜西也许见过“虎阜梵音”。云闲，他们当然都如雷贯耳，那是晚清著名的广陵派琴僧，又名空尘、枯木禅，江苏如皋人，著名的宗仰上人、杨时百都是他的再传弟子。他刊行过自撰的《枯木禅琴谱》，往来于大江南北，到一九一二年才去世，算起来还是很近的人物。光绪十二年为一八八六年，这是“寒泉”、“虎阜梵音”最近的一次修缮年份。

但“嶧山琴士韵泉顾氏”显非名流，查找匪易，却未必毫无头绪。《今虞琴刊·古琴征访录》还著录了

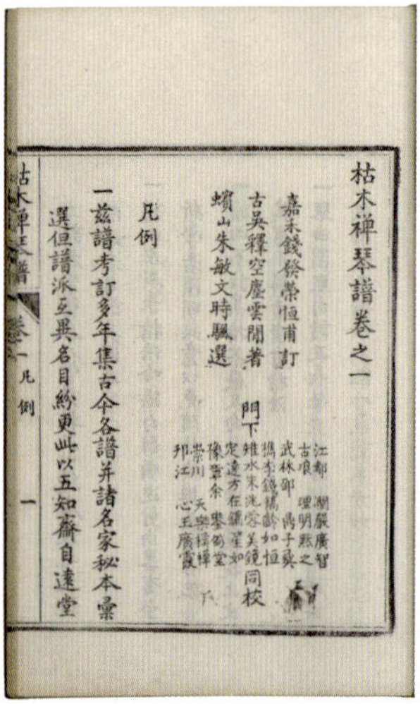

枯木禪琴譜卷之一

嘉禾錢發榮恒甫訂

古吴釋空塵雲閑著

蟦山朱敏文時颿選

凡例

一兹譜考訂多年集古今各譜并諸名家秘本彙

選但譜派互異名目紛更此以五知齋自遠堂

枯木禪琴譜　卷一　凡例　一

琴僧云闲及其所著《枯木禅琴谱》。“古吴释空尘云闲著”之左，即署“蟦山朱敏文时颿选”。

一张梧枝斋藏的元末朱致远所斫仲尼式“鸣玉”琴，有“光绪丁亥顾韵泉修”的款识。“光绪丁亥”为光绪十三年，正值监修“寒泉”、“虎阜梵音”二琴的后一年。再从地名措手，考察“蟦山琴士”的“蟦山”。显示云闲与“蟦山”密切关系非仅见于琴器，也可见诸光绪十九年的《枯木禅琴谱》，其中正文首叶与“古吴释空尘云闲著”并列的，就是“嘉禾钱发荣恒甫订”、“蟦山朱敏文时颿选”。“嘉禾”不难知为嘉兴，但“蟦山”却多为研究者所回避。其实，“蟦山”即今江苏省如东县县城所在地掘港镇，旧属如皋县，称掘港场。其地旧时临海，“蠙山”得名亦缘乎此；“蠙”即“玭”字，为蚌珠之属。《如皋县志》载邑人黄端《蠙山赋》：

（蠙山）一名蜱蝥山，在场（引者按：指掘港场）西北之苴上，土人取蜱蝥，弃壳海滨，累积成山，高十余丈，上耸一峰，望之若浮峦孤屿出没于云涛中。

这是掘港又名“蠙山”之由来。又据说凡有文人处，无不有“八景”，掘港也不例外，旧有所谓“蠙山八景”，“蠙山晓日”即为其一，登蠙山看日出是也。

掘港素有琴学传统。清代著名的《自远堂琴谱》卷首张敦仁序后的乔锺吴跋云：

维时工斯艺（引者按：指抚琴）者，若金陵吴宫心、蠙山吴重光、曲江沈江门、新安江丽田等，汇集维扬……

这里的“蠙山吴重光”，就是如今见诸记载的掘港早期琴人。

地方志的相关记载，也能与“寒泉”、“虎阜梵音”琴腹款识及《枯木禅琴谱》等文献内容相印证。《掘港镇志》卷二十三《文化》所列明清以来文苑人物中，虽无顾韵泉，但有云闲，注为“同治间东林禅院僧，冷泉之

苏州虎丘剑池东石壁，刻有“海滨琴客顾韵泉题”的篆书“泠然”二字。

徒”；而他的师傅泠泉“号昆朗，俗姓顾，咸丰时人，东林禅院僧，工琴韵律”，似乎也提示了重要的考察方向。

如今苏州虎丘剑池东石壁，刻有“海滨琴客顾韵泉题”的篆书“泠然”二字，高约三尺，宽一尺。这位顾韵泉既是“琴客”，又来自“海滨”，与“蠙山琴士韵泉顾氏”当是同一人。“泠然”二字临水，水声、琴声，皆可描摹，的确巧妙无比。由于未记年岁，后来李根源在编《虎阜金石经眼录》时，将之列入明刻，可能是觉得近人多半可考，此名冷僻，不会太近。巧的是，“泠然”不远处，就有横刻的“高山流水”四字，左侧三行小字云：

光绪丙戌平湖王成瑞为琴僧云闲题。

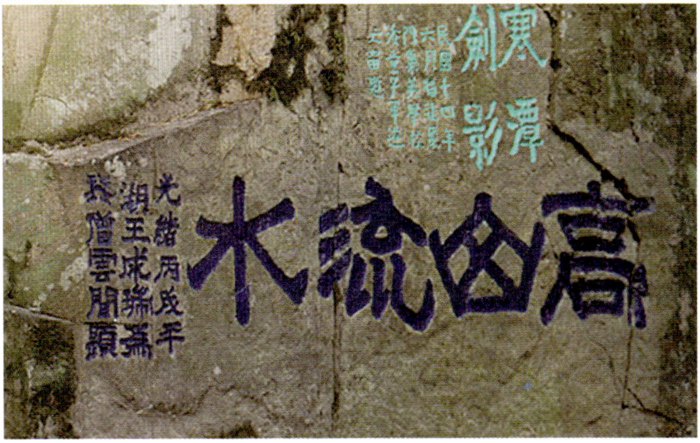

“泠然”不远处，刻有“光绪丙戌平湖王成瑞为琴僧云闲题”的“高山流水”四字。

光绪丙戌（1886），正是云闲重修、顾韵泉监修“寒泉”、“虎阜梵音”的光绪十二年，可见这一年里，云闲、顾韵泉两位老乡同游过一段时日，地点很可能就在苏州。进而言之，说不定“泠然”二字，也是这回一并刻上去的。

琴人王生香、梅曰强递藏的“霜天铎”琴，最终揭出了“蟂山琴士韵泉顾氏”的名字。王生香《金陵访琴录》载“霜天铎”条：

> 落霞式，长三尺八寸一，肩面弧长五寸九，肩底宽五寸五，岳内高四分，外高五分二，龈高五厘，厚五分，面朱色，侧及底黑色，岳龈轸足皆铁梨木，蚌徽，长方池沼。池内墨书“大清光绪癸巳，

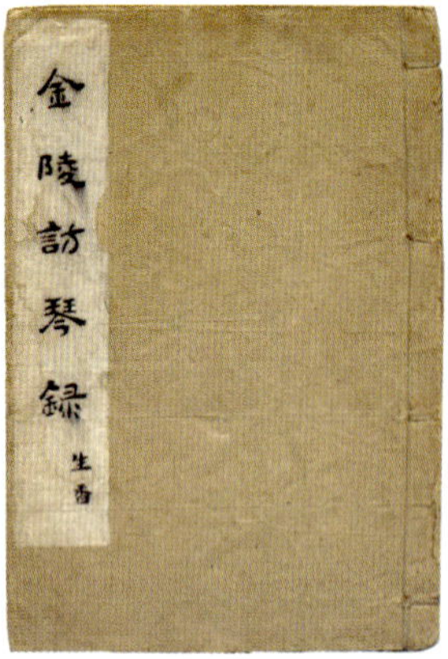

王生香《金陵访琴录》书影

蠙山琴士韵泉顾沂得古杉于珠峰寺，斫成琴并附记于内”，右十五字，左十四字。沼内墨书行书四行云：“余至句曲山，道经湖熟，遇琴友月夜操琴，忽霞从屋后落，迹之，得古杉焉，仿古斫成落霞琴一张，某某自为记之矣。”字多模糊，间有以意揣者。木质颇轻，音韵苍松而透，因名命“霜天铎”，并集《曹全碑》刻于池上。时癸巳秋月，距斫琴时已六十年矣，时光如流，人寿几何，抚弦动操，不禁感慨系之。（顷见一琴，与此琴完全相同，但彼为纯黑色耳。）

由是可知，这位号“韵泉”、“蠙山琴士”者名为顾沂，

顾沂斫“霜天铎”琴，王生香、梅曰强、孙为递藏。

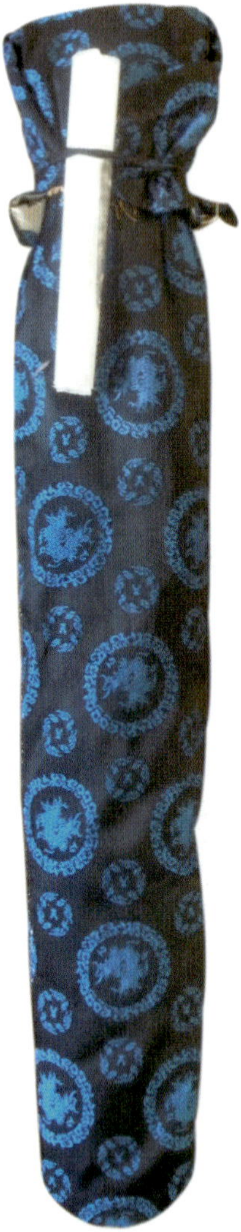

张充和手制的“寒泉”琴囊

清光绪十九年癸巳（1893），他在去茅山（句曲山）时途经南京湖熟，于珠峰寺得古杉而斫成落霞式琴一张，并在池沼内墨书记下斫琴始末。整整六十年后（1953），王生香才将此琴命名为“霜天铎”，并载之于书。“寒泉”、“虎阜梵音”、“鸣玉”、“霜天铎”，顾沂修琴、斫琴的材料，已尽于此。

可以说，宋琴“寒泉”在一百多年里见证了云闲与查阜西的薪火以继、查阜西与张充和的知己相托。文化血脉就是这样一代代传承下来的。正如张充和亲手为“寒泉”做的精美琴囊，固然是珍惜宝物、感念友人，可又不仅止于此——她的点点滴滴，都“体现着中国文化中那最美好精致的部分”（傅汉思语）。

第四章

儘艱辛事〻，不挂上眉頭

十三、喜佳音万里，故人犹健

内战终于不可避免。张充和结婚、南下、赴美之际，正是国民党军队在战场上节节败退、共产党地下活动形势严峻的时段。在这历史转折关头，查阜西与她也许都知道，彼此正在承担与将要迎接的是不同的命运。

没多久，新中国建立起来了，憧憬这一天已有二十多年的查阜西却不能欢呼——他正在香港默默地从事着中央、中国两家航空公司的起义说服工作。一个月后，两航百馀架飞机宣布起义，十一架飞机北飞，震惊一时。立下大功的查阜西在三年后只保留了一个民航局顾问的虚衔，正式转行，从事古琴音乐的专业研究，去实现他青年时代的梦想。

五十年代初，琴人们时时面临着一种尴尬的无奈。

一九五四年，李元庆、查阜西、溥雪斋、杨荫浏、管平湖（左起）在民族音乐研究所门前。

古琴顶着“封建士大夫”、“孤芳自赏”的帽子，在文艺“为工农兵服务”的时代里显得多馀甚至尴尬。琴人们非但得不到重视，还不时因细故陷于困窘，甚至有家破人亡者。查阜西和他的琴友们尽自己的所能，证明古琴能服务于新社会，以此保存古琴种子。在民族音乐研究所的领导下，他与溥雪斋、张伯驹、汪孟舒等友人发起成立了北京古琴研究会，利用首都的地缘优势，借助自己的社会地位，又使北京古琴研究会从一个特殊的地方性古琴民间组织，成为事实上的全国古琴研究中心。

一九五六年春夏之交，古琴普查小组在成都期间，替曹安和调查道箓。左起：查阜西、王迪、许健、□□□。

从一九五三年起，查阜西在吕骥的支持下，以民族音乐研究所的名义发起全国琴人为现存最早的古琴文字谱《碣石调·幽兰》打谱，随后又为《广陵散》打谱，并为改善各地琴人的生活待遇与社会地位而奔走。一九五六年，他带领许健、王迪对全国琴坛进行了有史以来的第一次普查。他们以实地走访为主，通信联络为辅，采访了二十个地方八十六位琴人，录下了演奏时间超过两千分钟的二百六十二首琴曲，并征集到了多种珍罕的古琴文献。这次采访抢救所得的音响资料成为最珍贵的一笔古琴音乐遗产，也为后来的

查阜西，摄于一九六三年前后。

古琴学习与研究奠定下坚实的学术基础。

查阜西还留下了大量的琴学著述：他将琴人们关于《碣石调·幽兰》打谱的学术通信与资料汇编为《〈幽

一九六一年九月，查阜西将一九五一至一九六〇年间“学乐杂记”及相关文字编订为《溲勃集》、《溲勃别集》，油印为九册，分装两函，共印十二部。除自留一部外，皆分赠友人。实际上，《溲勃集》、《溲勃别集》稿本较刊出者为多，查阜西的其他琴学著述亦非此二集所能囊括。

兰〉研究实录》（三册）；从古代琴籍中辑录出《传统的造琴法》、《传统的造弦法》并作校注；他主持编纂了两部共计两百多万字的大型古琴工具书《存见古琴曲谱辑览》、《存见古琴指法谱字辑览》；领导编写搜集历代两千多琴人资料的《历代琴人传》（六册）；将六朝到民国千馀年间的一百四十二种琴谱汇编为《琴曲集成》（三十册），并给每一部琴谱撰写了提要；他

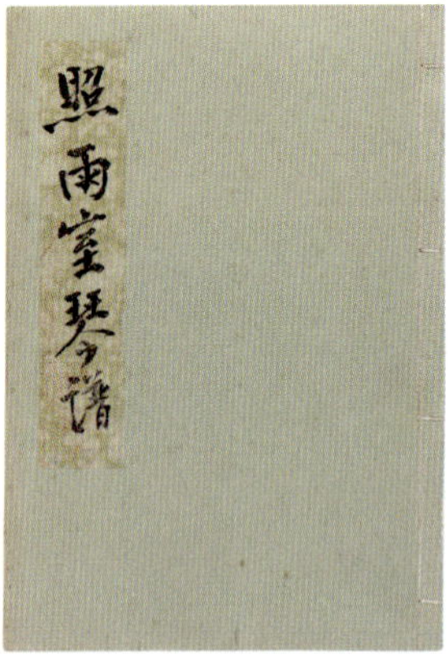

《照雨室琴谱》书影

将挖掘、整理的琴歌汇编为《琴歌谱》；与沈草农、张子谦合作撰写古琴普及读物《古琴初阶》；而他研究琴学的心得，则结集为六十多万字的《溲勃集》、《溲勃别集》，擅弹、打谱的八首代表曲谱汇编为《照雨室琴谱》。

这庞大的成果，绝大多数完成于“文革”开始前的十四年之内。虽然在获取资料极为便利的今天看来，其中颇有进一步修订、增补的馀地，但在当时的历史条件下，查阜西对总结琴学传统、重建现代琴学的开拓之力、奠基之功仍然无可替代。可以说，几乎每一个弹琴、爱琴的人，都或多或少、或直接或间接地受过他的恩惠，鲜有例外。即便在五六十年代的海外琴坛，琴人们对此也是了解的，当然也包括张

张充和弹琴，约六十年代。（白谦慎提供）

充和、饶宗颐。——有意思的是，饶宗颐的重要论文《宋季金元琴史考述》刚刚发表，查阜西便注意到了，并复制留存。

张家十姐弟中，宗和与四姐最亲，最了解四姐的心思。因为他们的长期通信，查阜西、张充和也得以了解彼此近况。一九五五年六月十六日，张宗和写信给四姐，家中近况一一道来，只提到了一个“外人”：“老查（阜西）在北京搞古乐，不知是否还在民航局工作。”（《一曲微茫——充和宗和谈艺录》）五年后（1960）查阜西有西南之游，六月九日在贵阳见到了张宗和，日记说：

> ……又言四姐与傅汉斯伉俪甚笃，已有子女

各一，赠其阖家照片一帧，似父母子女乐融融也。

这对惦念故友的查阜西，无疑是让他欣慰的消息。

“文革”期间，海外的华人知识分子普遍弥漫着一种为故国与文化的沉沦而感伤的情绪，在赏心乐事之际尤其如此。如张充和的友人余英时在为《周有光百岁口述》作序时提到：

> 大概是一九六八年，充和到哈佛演出《思凡》、《游园惊梦》。那时大陆上“文革”正进行得如火如荼，所以我在赠诗中有“不须更写还乡句，故国如今无此音”之句，表达了一时的感慨。

本书开头所引饶宗颐写于一九七一年的《一寸金》，小序讲完缀谱吹笛的风雅，便以下句作结：

> 临睨故乡，寸寸山河，弥感离索矣。

由此也就可知，饶宗颐在耶鲁时期的落寞与孤独，并不全是一己之感受，也有文化母体面临崩塌沦丧的迷惘和感伤。而查阜西在“文革”初的遭遇，他与张充和无疑也略有了解。因此，他们的《八声甘州》酬唱，固然是在感念私谊，推重查阜西的琴学贡献，同时也是在为斯文的丧尽唱一曲挽歌。

一九七四或一九七五年，查阜西在弹他钟爱的名琴“一池波”。（查阜西家属提供）

但他们没想到的是，当时查阜西还在人世。

“文革”后期，中国大陆的社会状况逐渐趋向平稳，许多人与海外亲友也都恢复了联络。一九七四年，张充和得到了查阜西还在世的消息，“喜极”，再赋《八声甘州》：

闻阜西尚健在，喜极，依前韵。

度长空、一掬见龙泉，泠然忆清游。喜佳音万里，故人犹健，疑讖都休。拟买吴侬软月（阜西有“湘水西流囚楚客，大江东去作吴侬”句），重泛石湖舟。往事分明在，琴笛高楼。　容许荒烟塔左，听楚云秋梵，渔唱悠悠。把劳生万事，尽撇下眉头。料依前、落梅庭院，只星星、华发镜中浮。挑灯句、自来搔首，不畔牢愁。

“度长空、一掬见龙泉”句，当即《抱瓮泉记》所谓“龙女悯其烦腻，为擢泉水一樽，畀余以青鸟将去，误致桂林，越一周复飞送巴蜀”的旧事；“石湖”在苏州西南，是查阜西、张充和的旧游之所；“荒烟塔左”的“塔”指瑞光塔，后梅隐庐正在瑞光塔之东，当时瑞光塔周边皆为番薯地，人烟稀少，故谓“荒烟”；“挑灯句”自然是指辛弃疾的名句“醉里挑灯看剑”，既点明了查阜西怀有辛弃疾一样的报国之志，又暗指“可怜白发生”，与前一句“只星星、华发镜中浮”呼应；“不畔牢愁”则是相对饶宗颐《八声甘州》词末句“与畔牢愁”而言——“阜西尚健在，喜极”，“牢愁”也就一扫而空了！

十四、抚新词、临风缄泪

一九七六年三月，八十一岁的查阜西在家中收到了曲友、张充和二姐张允和一封信，信里附有张充和亲笔抄录的两首《八声甘州》，末行是一句中规中矩的套话，却满是俏皮的神色："阜西四哥 / 嫂同粲。充和。"几天后，张允和、张寰和姐弟来看望他了。

与充和多年音尘隔绝，老人纵然迭经劫波，此刻也必然心潮澎湃。然而，想说的话越多，落在纸上的越少。三月二十七日，他给张充和写了一封简短的信：

……您的《八声甘州》，环诵多次，觉情词瑰丽，又胜当年多矣。数日后二姐又偕环〔寰〕和弟同来，使八十老人感到激动，很想即时赓和，奈老年迟钝，只合候他时再献丑矣。我病后只星星华发，老态

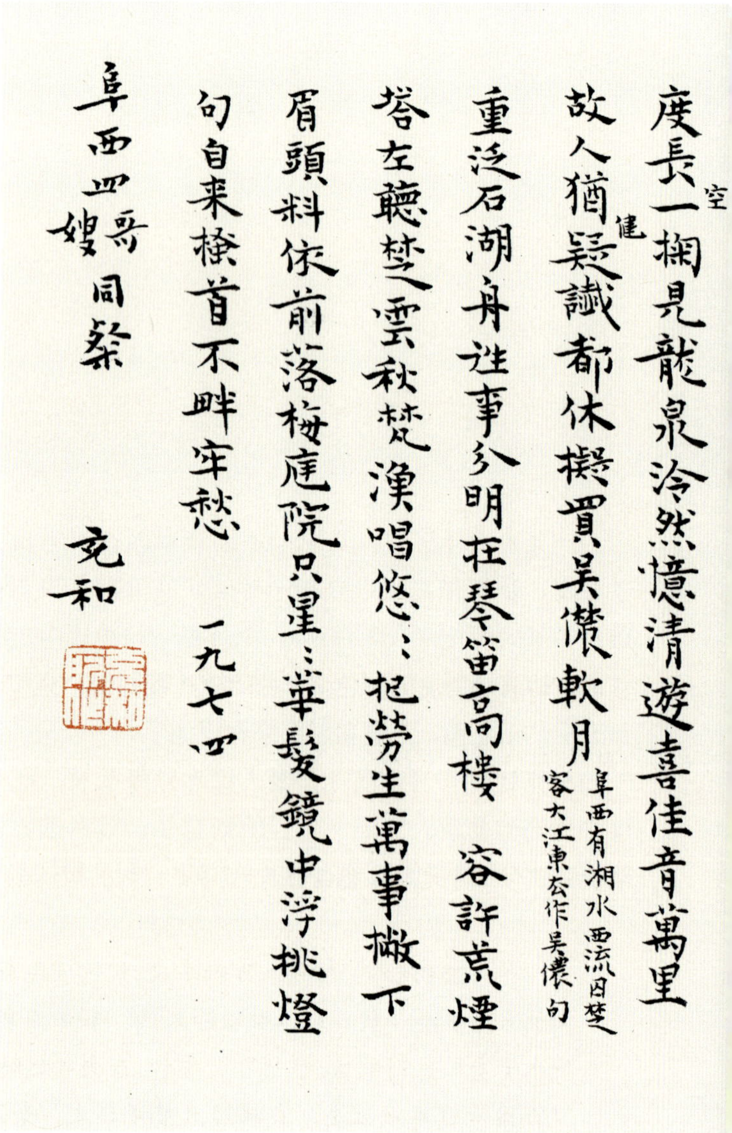
度長一（空）掬見龍泉冷然憶清遊喜佳音萬里
故人猶（健）疑識都休擬買吳儂軟月 阜西有湘水西流日楚之客大江東去作吳儂句
重泛石湖舟往事分明在琴笛高樓 容許荒煙
塔左聽楚之雲秋楚漁唱悠悠 把勞生萬事撇下
眉頭料依前落梅庭院只星星華髮鏡中浮挑燈
句自來檢首不畔牢愁 一九七四
阜西四哥嫂同粲 充和

张充和抄录给查阜西的两首《八声甘州》。（查阜西家属提供）

八聲甘州　邃堂来不自携琴因借与寒泉阜岳所赠也闻其已归道山乃共听其氘音为唏嘘者久之

負高情萬里寄寒泉珎重記前遊但拂塵虛
弄琴心究在琴事長休舊侶冰絃何處絲釣借
漁舟（以釣絲代梳弦）挾賦南天客攜上高樓好趁晴空涼月
伴襟懷落落詩思悠悠繞芳洲碧水一一自源頭望
中原重招梅隱怕岷江燈火夢沉浮無端又湘雲

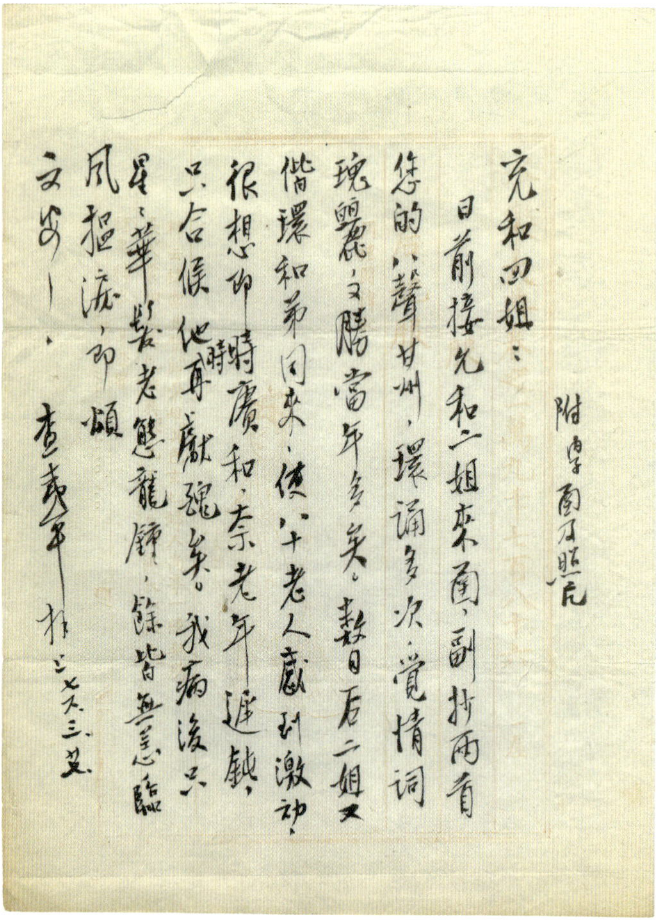

附寄蘭州照片

充和四姐：

日前接允和二姐來蘭，剛抄兩首您的《八聲甘州》，環誦多次，覺情詞瑰麗，文勝當年多矣。數日后二姐又偕環和弟同來，使八十老人感到激動，很想即時賡和，奈老年遲鈍，只合候他時再獻醜矣。我病後只星星華髮老態龍鍾，餘皆無恙，臨風握管，即頌

文安！

查阜西拜 於七六、三、廿七

查阜西致张充和书札，一九七六年三月二十七日。（张充和提供）

龙钟，馀皆无恙，临风揾泪……

虽未能赓和，查阜西还是将词重抄了一遍，并加注：

（一）阜西苏州寓门额上署“（引者按：此处脱‘后’字）梅隐庐”；（二）“湘云”、“楚云”指《潇湘水云》，“秋梵”为《普安咒》，“渔唱”为《醉渔唱晚》，“搔首”为《搔首问天》，皆琴曲名；（三）“见龙泉”在云南呈贡。

“文革”期间，海外因误传死讯而为在世者写悼念诗文的情形曾一再出现，事后也大多被悼念对象看到，但像查阜西一样，在“文革”尚未结束时就读到这两首词，并手录一过，洵为罕见之例。只是这简单的抄录，他就错五字，脱二字，“老态龙钟”，确乎可以想见。

四月十五日左右，查阜西又接到当月五日的张充和复函，这次他了解了更多的张充和、傅汉思在美国的工作与生活情况，也第一次知道了三十年前他在加州大学伯克利分校弹琴时，傅汉思便在听众席中，且认为他的弹奏“入定”而富“美态”——当然这是傅汉思修习汉学之后所采用的词汇。张充和也告知，当年的滇中旧游里，陶光、李芋龛都已经去世；最近，她的昆曲学生陈安娜（即吴陈安娜）将有北京之行，准备让她去看望他……

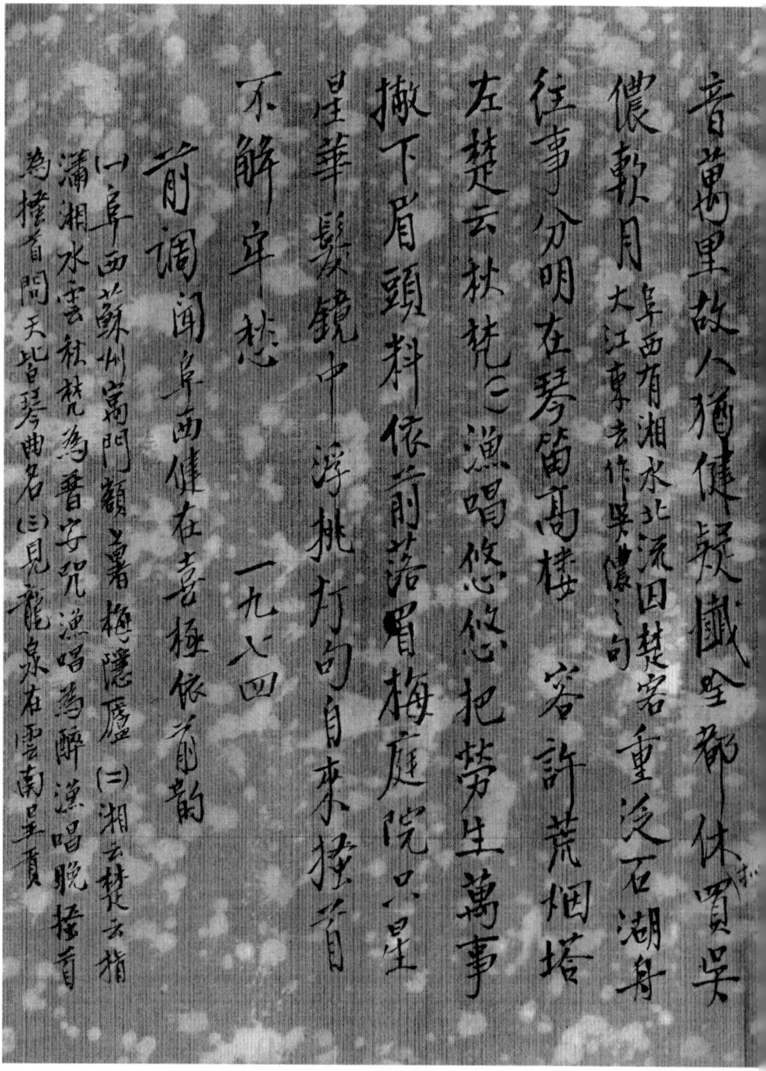
音萬里故人猶健疑鐵笙都休買吳
儂款月 皐西有湘水北流因 大江東去作吳儂之句 楚客重泛石湖舟
往事分明在琴笛高樓 容許荒烟塔
左楚云秋梵(一)漁唱悠悠把勞生萬事
擲下眉頭料依前落冒梅庭院只星
星華鬓鏡中浮挑打句自來搔首
不解年愁 一九八四
前調 聞皐西健在喜極依前韵
(一)皐西蘇州寓門額署梅隱廬 (二)湘云楚云指
瀟湘水雲秋梵為晉安咒漁唱為醉漁唱晚搔首
為搔首問天皆琴曲名(三)見龍泉在雲南呈貢

查阜西将张充和的两首《八声甘州》抄录一遍，并加注解。（查阜西家属提供）

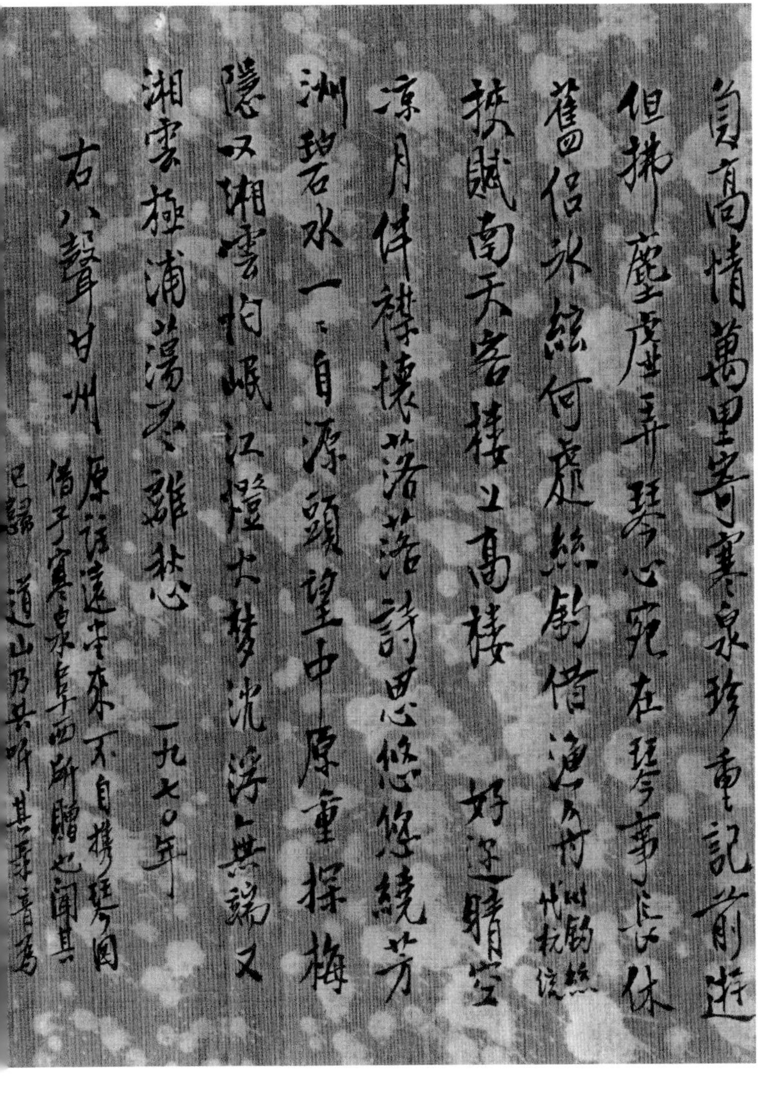
負高情萬里寄寒泉珍重記前游
但拂塵弄琴心究在琴事長休
舊侶冰絲何處絲斷借漁舟
以釣絲代絃
披賦南天客樓上高樓
好送晴空
涼月伴襟懷落落詩思悠悠繞芳
洲碧石水一一自源頭望中原重探梅
隱又湘雲怕岷江燈火夢沈浮無端又
湘雲極浦蕩蕩不離愁
一九七〇年
右八聲甘州 原詩遠寄來不自揣琴因
借予寫長泉草西所贈也聞其
已歸道山乃長聽其琴音為

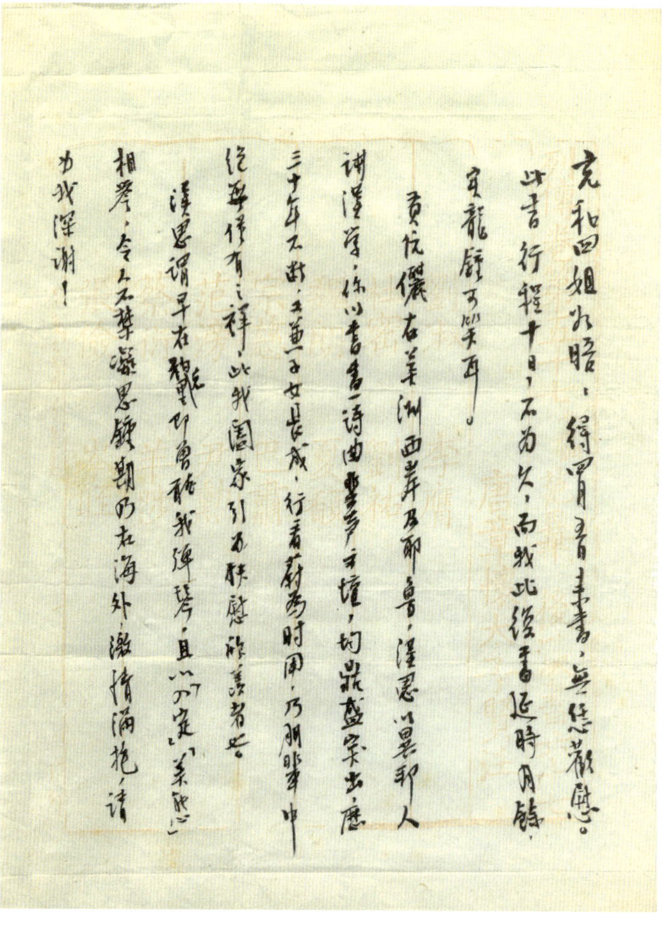

充和四姐如晤：得胃青來書，無任欣慰。
此言行程十日，不為久，而我此復書延時月餘，
實龍鍾可笑耳。
貴伉儷在美洲西岸及耶魯，漢思以異邦人
講漢學，你以書畫詩曲崑曲之擅，均鼎盛突出，應
三十年不斷，又育一子女長成，行看蔚為時用，乃朋輩中
絕無僅有之祥，此我國家引為快慰稱羨者也。
漢思謂早在鞍韉即曾聽我彈琴，且以「安定」「柔能」
相譽，令人不禁凝思鍾期仍在海外，激情滿抱，請
為我深謝！

查阜西致张充和书札第一页，一九七六年五月十四日。（张充和提供）

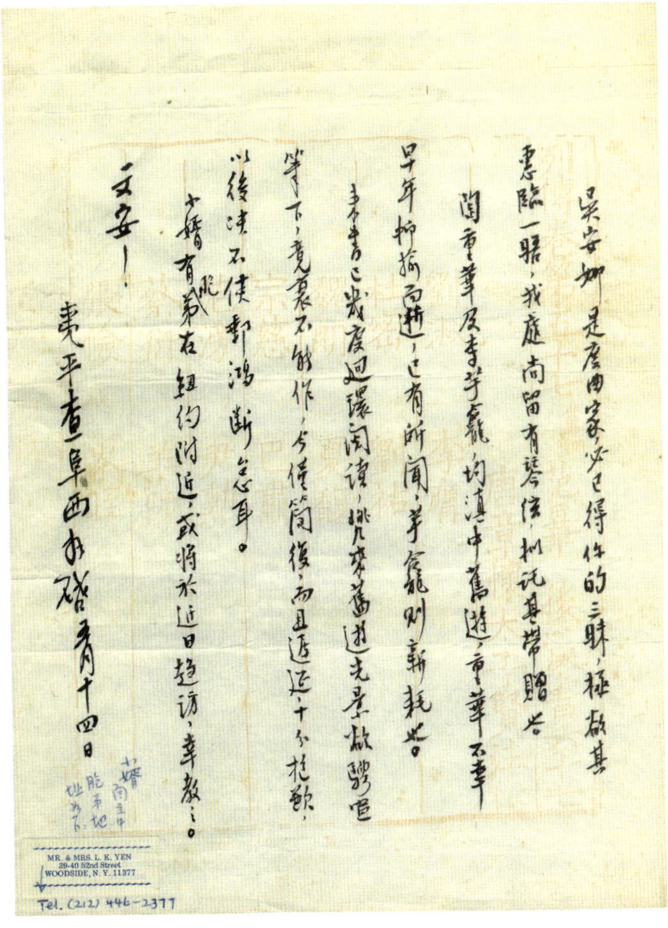

吴安如是唐曲家，必已得你的三昧，极敬甚
惠臨一聽，我庭尚留有琴信，擬託其帶贈兮
聞重華及季華寵均滇中舊遊，重華不幸
早年抑鬱而逝，已有所聞，華寵則新耗也。
季青之歲度迴環閱讀，[illegible]舊遊光景[illegible]
筆下，竟衰不能作，今僅簡復，而且遲延，十分抱歉，
以後決不使郵鴻斷忘耳。
小婿有舵弟在紐約附近，或將於近日趋訪，幸教之。
文安！
弟平查阜西拜啓 五月十四日

MR. & MRS. L. K. YEN
39-40 52nd Street
WOODSIDE, N. Y. 11377
Tel. (212) 446-2377

查阜西致张充和书札第二页，一九七六年五月十四日。（张充和提供）

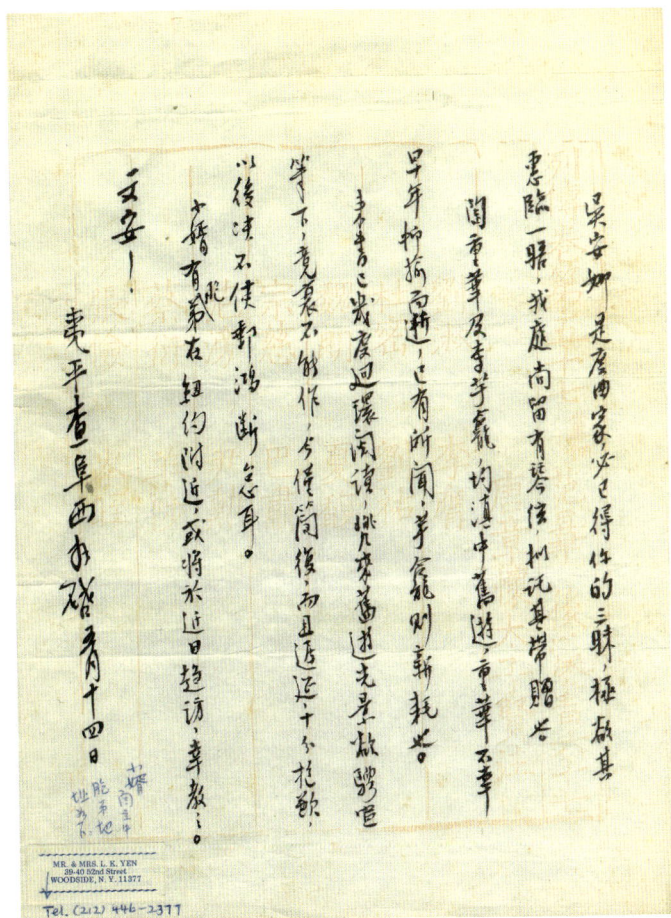

五月十四日查阜西作复，信末说：

来书已几度回环阅读，兜来旧游光景，欲骋宣笔下，竟衰不能作，今仅简复，而且迟延，十分抱歉，以后决不使邮鸿断息耳。

延缓整月始作复，可能还是想和《八声甘州》词，却“衰不能作”。衰年的查阜西终究没有留下和词。

这两封信有两句话极其相似，也格外动人：一句是“环诵多次”，一句是“来书已几度回环阅读”。那样反复读词和信，是怕遗漏了任何信息，是想对友人的情形不厌其详地了解，而这样急切、深情、细腻的读信人，竟是一位历尽沧桑、“老态龙钟”的“八十老人”！

写完第二封信的一周之后，查阜西便因忽发脑溢血入住空军医院，时而清醒时而昏迷，终于八月十日去世。

七月底，陈安娜抵达北京，正要去看查阜西，唐山大地震发生了，北京全城惊惶不安。作为外宾，她被要求紧急离境，错过了见查阜西最后一面。此后不久，她再到北京，替老师探视了“四嫂”、查阜西的妻子徐问铮。

一九七八年八月，六十五岁的张充和也回到了阔别三十年的故土。欢迎席上，徐问铮取出了着色红梅图一轴，画端录《临江仙 · 咏蜀中桃花鱼》一首，落

一九四七年秋，张充和绘《着色红梅图》，画端录《临江仙·咏蜀中桃花鱼》。（白谦慎提供）

一九七八年八月，张充和首次回国，来探望查阜西夫人徐问铮。（查阜西家属提供）

款为“丁亥秋充和为后梅隐折枝并录此”，正是当年张充和北上前夕所绘。三十年过去，她为查阜西折入画中的这一枝疏影，鲜妍如新。

得知故人去世的消息后，张充和迭经修改，为查阜西写了第三首《八声甘州》：

悼阜老

正丁宁、休怠鱼鸿，相招故国重游。怅泠泠七弦，凄凄一代，千古悠悠。渺渺天西望极，欸乃起渔舟。惟有忘机友，远与波浮。 休论人间功罪，叹生生死死，壮志难酬。把琴心剑胆，肯逐向东流。趁馀辉、晴空照雨，待谱成、十万灿神州。抚新词、临风缄泪，寄与闲鸥。

这首词的起首与结尾，都化用了查阜西来信中的话（“以后决不使邮鸿断息”、“临风揾泪”），以为呼应。据早期版本，“凄凄”原作“栖栖”，“泠泠七弦上，栖栖一代中”是查阜西为彭祉卿墓所集的墓联，这里移作纪念查阜西，似乎更为允当。在下阕前半，用“琴心剑胆”这一指代文人士子的常用语概括查阜西的一生，也极为合适，因为查阜西既有文化上的情怀与抱负，又有革命救国的志向与实践，虽然“壮志难酬”、“逐向东流”。下阕后半中的“晴空照雨，待谱成、十万灿神州”不仅嵌入了查阜西的室名“照雨”，也充分肯定了他的努力泽被后世。

三首《八声甘州》中，这第三首改动最多，其实初稿亦好，尤以“尽艰辛事事，不挂上眉头”一句为佳。大约第二首有一句“把劳生万事，尽撇下眉头”，为避雷同嫌疑才作了改动。但“劳生万事”与“艰辛事事”内涵有别：在“荒烟塔左，听楚云秋梵，渔唱悠悠”，自然不必牵挂“劳生万事”；总结一生，不以“艰辛事事”为意，才更见“襟怀落落”——正如查阜西晚年的一张照片上，他沉浸在翻检与著述的快乐之中，脸上流露出发自内心的温柔与沉着，好像一生都没有任何波折，好像此刻不在逆境，好像他的探索之旅才

一九七五年略前，沉浸在翻检与著述快乐之中的查阜西。（查阜西家属提供）

刚刚启程。

张充和作文纪念书法恩师沈尹默，起句便是“数十年来每在洗砚时都不能忘记尹师，所以必得从此开始”。为查阜西作的这三首《八声甘州》词，原也必得从“寒泉”琴开始的。

本书所涉文献

张充和《八声甘州》的版本

一、现存版本概述

本书引用的诗词，如饶宗颐《八声甘州》，查阜西《次充和怀旧韵》，张充和《挽琴人彭祉卿》、《呈贡杂咏二首呈阜西先生》、《鹧鸪天 · 战后返苏昆曲同期》以及三首为查阜西而作的《八声甘州》，多少都经过各个时期的修改，形成了不同版本。其中，改动最多、版本最复杂、创作过程最具传奇性、在本书中所起的作用最为重要的，是张充和的三首《八声甘州》。这三首词，前两首创作于查阜西生前，曾为其所亲见，后一首创作于他身后，因此书中的引文也区别对待：前两首，用的是张充和录赠查阜西本人的版本（仅第二首“撇下眉头”一句原作漏掉首字，故据后来之本补一“尽”

字），尽量还原历史情境；后一首，用的是迭经修改、作为定稿的版本，体现张充和对查阜西最终的情感与评价。如此似较为妥帖。

正是由于这三首词重要而复杂，有必要将目前所能见到的版本搜集起来，汇而校之，既最大可能地保存创作、修改过程中的信息，也期待在此基础上能有更多的发现。至于饶、查、张的其他诗词，为避免繁琐，文中并未直接注明版本信息，个别的字句出入亦无碍于行文，故暂且略过不提。

目前可见的三首《八声甘州》有九个版本：

版本（含简称）	形成时间	内容	性质	来源
查阜西藏本（查藏本）	1974—1976.3	前二首	稿本	查克承
查阜西抄注本（查抄本）	1976.3—5	前二首	抄本	查克承
张定和抄本（张抄本）	约 1978	全	抄本	白谦慎
陈安娜藏本（陈藏本）	1981.9.6	全	稿本	拍卖图录 882 号
自存本一	1976.8 后	全	稿本	白谦慎
自存本二	1976.8 后	全	稿本	拍卖图录 890 号
自存本三	1970 后	第一首	稿本	拍卖图录 922 号
自存本四	1970 后	第一首	稿本	拍卖图录 923 号
自存本五	1974 后	第二首	稿本	拍卖图录 926 号

这里的形成时间，除陈藏本原件上有标注外，查藏、抄本是依据查阜西收到《八声甘州》以及中风住

院的时间推算出来的，张抄本是依据第三首《八声甘州》的页眉那段写于一九七八年十月二十三日给张充和的话大致推定的，其馀五种自存本均不详，只能依据写作时间确定年份上限。“拍卖图录”指《西泠印社二〇一六年春季拍卖会：张充和与昆曲暨中国首届戏曲艺术专场》（西泠印社拍卖公司，二〇一六年六月二十五日）。

需要对汇校作出的几点说明是：

（一）以自存本一为底本。这是白谦慎提供的张充和改定之本，故此处正文与书中引文不同。

（二）自存本三、四是否有第二、三首，自存本五是否有第一、三首，因未见，不能肯定。姑就所见者校之。

（三）查、张两个抄本，论校勘价值，原不当与七个稿本等量齐观，囫囵校之。但查阜西为受赠者，又是本书的主角，张定和抄录极为严谨，且此本为张充和所认可，亦不可轻忽，故一并校之。

（四）只校文字，不改底本。较为要紧处，在校记中作论断。

（五）格式、异体字的差异，不出校记。前者如词牌名的前置或后置、录赠他人的款识；后者如梅槑、珍珎、燈鐙等等。

（六）自存本一、查抄本纸尾有注释数条，张抄本每首下皆有注释，都移入校记，与他本的双行小字注排比。

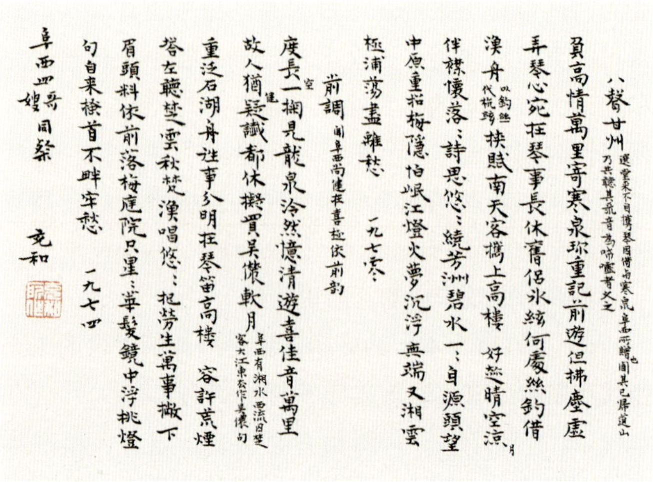
八聲甘州 選堂來不自携琴因借爾寒泉阜西所贈也聞其已歸道山乃共聽其流音為唏噓者久之
負高情萬里寄寒泉珍重記前遊但拂塵虛
弄琴心宛在琴事長休舊侶冰絃何處縱然釣借
漁舟（以釣絲代梳掠）扶賦南天客攜上高樓 好趁晴空涼（月）
伴襟懷落落詩思悠悠繞芳洲碧水一一自源頭望
中原重招梅隱怕岷江燈火夢沉浮無端又湘雲
極浦蕩盡離愁 一九七零
前調 聞阜西尚健在喜極依前韵
度長（空）一掬見龍泉泠然憶清遊喜佳音萬里
故人猶（健）疑識都休擬買吳儂軟月（阜西有湘水西流因楚客大江東去作吳儂句）
重泛石湖舟往事分明在琴笛高樓 容許荒煙
搭左聽楚雲秋楚漁唱悠悠 把勞生萬事撇下
眉頭料依前落梅庭院只星星華髮鏡中浮挑燈
句自來搔首不解牢愁 一九七四
阜西四哥嫂同察 充和

《八声甘州》前二首，查阜西藏本。（查阜西家属提供）

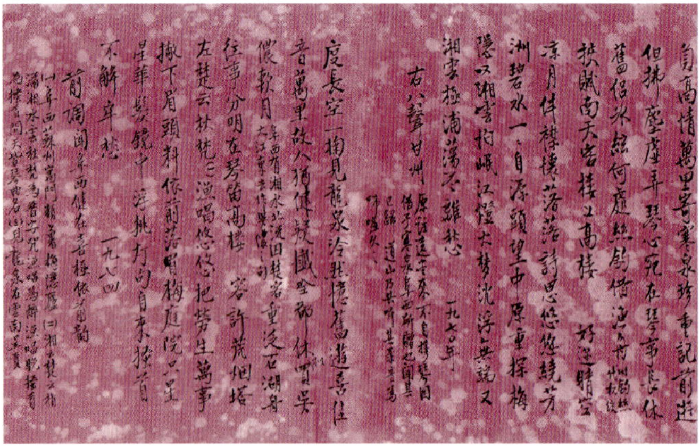
負高情萬里寄寒泉珍重記前遊
但拂塵虛弄琴心宛在琴事長休
舊侶冰絃何處然釣借漁舟
扶賦南天客携上高樓 好趁晴空
涼月伴襟懷落落詩思悠悠繞芳
洲碧水一一自源頭望中原重探梅
隱怕岷江燈火夢沉浮無端又
湘雲極浦蕩盡離愁
右八聲甘州 一九七〇年
度長空一掬見龍泉泠然憶舊遊喜佳
音萬里故人猶健疑識都休擬買吳
儂軟月 重泛石湖舟
往事分明在琴笛高樓 容許荒烟搭
左楚云秋楚漁唱悠悠 把勞生萬事
撇下眉頭料依前落梅庭院只星
星華髮鏡中浮挑燈句自來搔首
不解牢愁 一九八四
前調 聞阜西健在喜極依前韵

《八声甘州》前二首，查阜西抄注本。（查阜西家属提供）

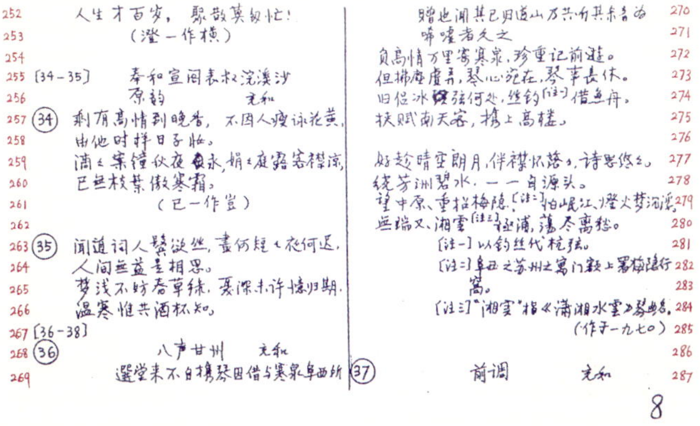
人生才百岁，聚散莫匆忙！
（澄一作横）

〔34–35〕 奉和宣阁表叔浣溪沙原韵 定和

(34) 剩有高情到晚香，不因人瘦咏花黄，由他时样日子妆。
滴滴寒钟伏夜永，娟娟庭露客襟凉，已无枝叶傲寒霜。
（已一作岂）

(35) 闻道词人鬓欲丝，书何短短夜何迟，人间无益是相思。
梦浅不妨春草绿，寒深未许怯归期，温寒惟共酒杯知。

〔36–38〕
(36) 八声甘州 定和
还堂来不自携琴因借与寒泉阜西所赠也闻其已归道山乃共而其余音为唏嘘者久之

负高情万里寄寒泉，珍重记前游。但拂尘虚弄，琴心宛在，琴事长休。旧侣冰弦何处，丝钓[注一]借鱼舟。失赋南天客，楼上高楼。

好趁晴空朗月，伴襟怀落落，诗思悠悠。绕芳洲碧水，一一自源头。望中原、重招梅隐[注二]，怕岷江、烽火梦沉浮。无端又、湘云[注三]极浦，荡尽离愁。

[注一] 以钓丝代桄弦。
[注二] 阜西之苏州之寓门额上署梅隐行窝。
[注三] "湘云"指《潇湘水云》琴曲名。
（作于一九七〇）

(37) 前调 定和

8

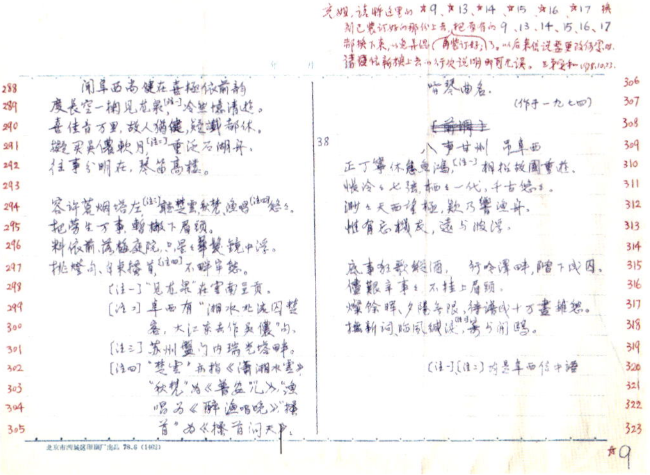
定姐，请将这里的☆9、☆13、☆14、☆15、☆16、☆17换到已装订好的那份上去，把原有的9、13、14、15、16、17都换下来，以免弄混（有些订好的）了。以后装信说要重改仿定如。请按信私相换上去，以便以后说明那可无误。王宗定和 1998.10.23

闻阜西尚健在喜极依前韵

度长空一掬见飞泉[注一]，冷然忆清游。喜佳音万里，故人犹健，隐識都休。犹买吴侬软月[注二]，重泛石湖舟。往事分明在，琴笛高楼。

客许荒烟塔左[注三]听楚云秋梵渔唱[注四]悠悠。把劳生万事，暂撇下眉头。料依前、满梅庭院，只器华鬓镜中浮。抛怀向、白头搔首[注四]不睬寒愁。

[注一] "见飞泉"在云南呈贡。
[注二] 阜西有"湘水北流闻楚客，大江东去作吴侬"句。
[注三] 苏州盘门内瑞光塔畔。
[注四] "楚云"亦指《潇湘水云》，"秋梵"为《普庵咒》，"渔唱"为《醉渔唱晚》，"搔首"为《搔首问天》。皆琴曲名。
（作于一九七四）

~~前调~~
38 八声甘州 吊阜西

正丁宁休怨忽惊噩讯[注一]，相招故国重游。怅冷冷七弦，栖栖一代，千古悠悠。渺渺天西望极，欸乃响渔舟。惟有忘机友，远与波浮。

底事狂歌纵酒，纡吟泽畔，赠下成囚。尽艰辛事事，不挂上眉头。耀余晖、夕阳无限，待谱成、十万画难酬。抛新词、临风哦说[注二]，寄与闲鸥。

[注一][注二] 均是阜西信中语

北京市西城区印刷厂出品 78.6（1602）

☆9

《八声甘州》全三首，张定和抄本。（白谦慎提供）

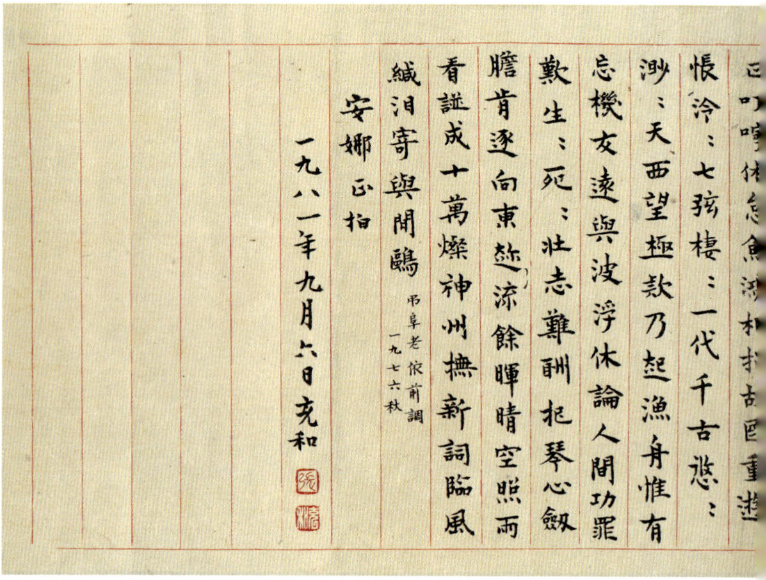
悵泠泠七弦棲棲一代千古悠悠
渺渺天西望極款乃起漁舟惟有
忘機友遠與波浮休論人間功罪
歎生生死死壯志難酬把琴心斂
膽肯遂向東逝流餘暉晴空照兩
看謳成十萬爍神州撫新詞臨風
緘泪寄與閒鷗 弔阜老依前調 一九七六秋
安娜正拍
一九八一年九月六日充和

《八声甘州》全三首，陈安娜藏本。

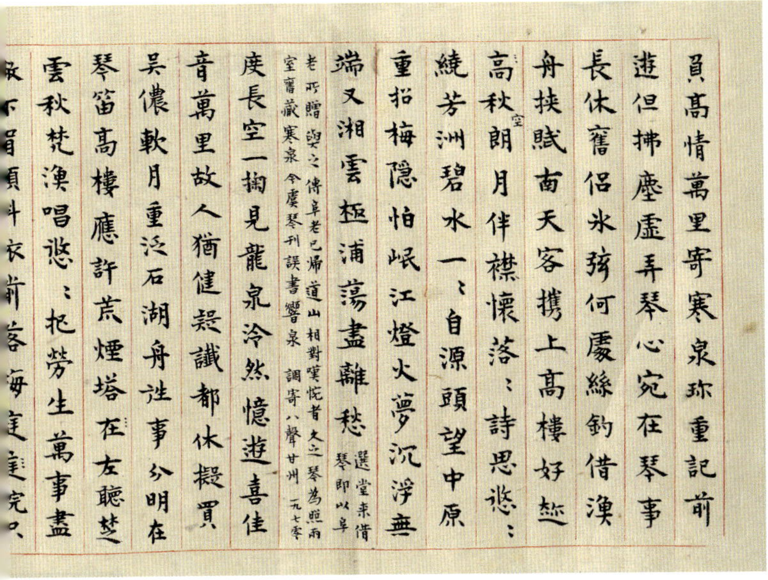

負高情萬里寄寒泉珎重記前
遊但拂塵虛弄琴心究在琴事
長休舊侶氷弦何處絲釣借漁
舟挾賦畝天客攜上高樓好愁
高秋[空]朗月伴襟懷落々詩思悠々
繞芳洲碧水一々自源頭望中原
重招梅隱怕岷江燈火夢沉浮無
端又湘雲極浦蕩盡離愁 選堂來借琴即以阜
老所贈與之傳阜老已歸道山相對嘆惋者久之琴為照雨
室舊藏寒泉今虞琴刊誤書響泉 調寄八聲甘州 一九七零
度長空一掬見龍泉泠然憶遊喜佳
音萬里故人猶健疑識都休擬買
吳儂軟月重泛石湖舟往事分明在
琴笛高樓應許荒煙塔在左聽楚
雲秋梵漁唱悠々把勞生萬事盡
收不留須斗衣前容海定定究八、

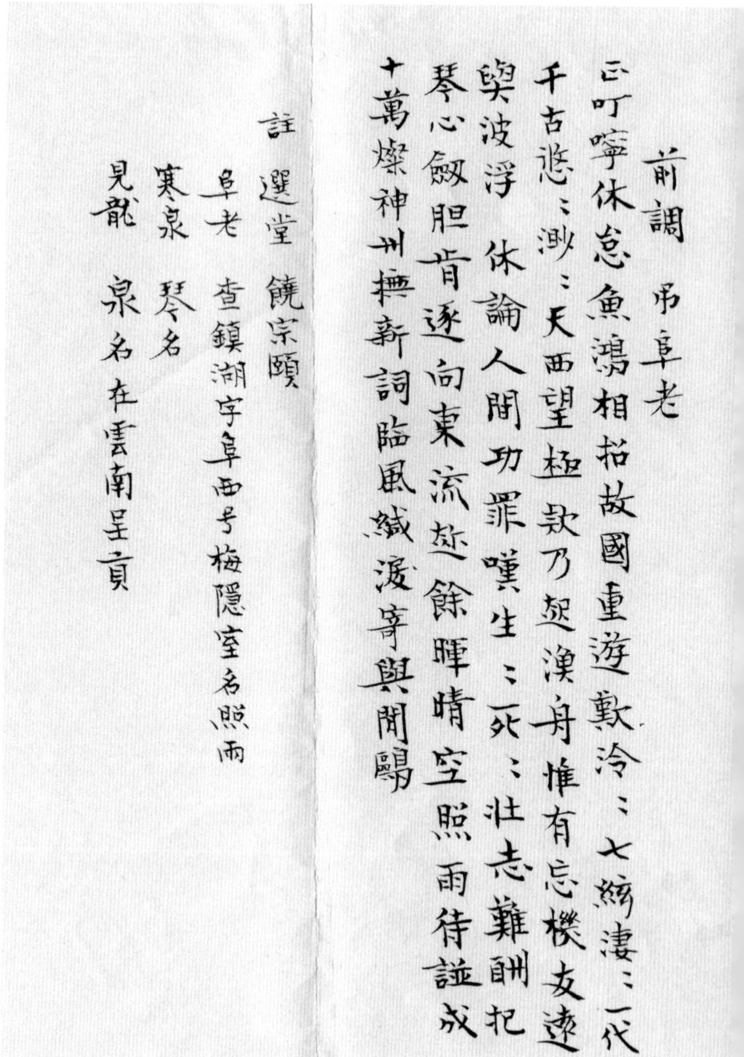

前調 弔阜老

已叮嚀休怠魚鴻相招故國重遊歎泠泠七絃淒淒一代千古悠悠渺渺天西望極款乃起漁舟惟有忘機友遠與波浮休論人間功罪嘆生生死死壯志難酬把琴心劍胆肯逐向東流趁餘暉晴空照雨待譜成十萬燦神州撫新詞臨風織淚寄與閒鷗

選堂 饒宗頤

註 阜老 查鎮湖字阜西号梅隱室名照雨

寒泉 琴名

見龍 泉名在雲南呈貢

《八声甘州》全三首，自存本一。（白谦慎提供）

八聲甘州　選堂来借琴乃以阜老所贈寒泉與之聞阜老已歸道山共聽其所錄諸琴曲賞嘆者久之

負高情萬里寄寒泉珍重記前游但拂塵虛弄琴心究在琴事長休舊侶冰絃何處絲釣借漁舟扶賦南天客攜上高樓　好趁秋空朗月伴襟懷落落詩思悠悠繞滄洲碧水一一自源頭望中原重招梅隱怕岷江燈火夢沉浮無端又湘雲極浦蕩盡離愁

前調　聞阜老尚健在喜極依前韻

度長空一掬見龍泉冷然憶清游喜佳音萬里故人猶健鼓識都休擬買吳儂軟月重泛石湖舟往事分明在琴音寄婁　憑許芸臺塔左聽楚雲秋梵漁唱悠悠把

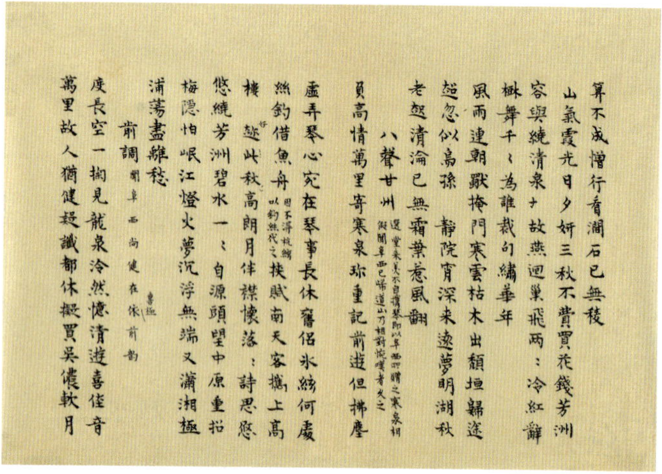

算不成憎行看澗石已無稜
山氣霞光日夕妍三秋不費買花錢芳洲
容與繞清泉〻故燕迴巢飛兩〻冷紅辭
樹舞千〻為誰裁句繡華年
風雨連朝獸掩門寒雲枯木出額垣歸遂
翅忽似烏孫　靜院宵深来遠夢明湖秋
老翅清淪已無霜葉慮風翻
八聲甘州　選堂來美不自攜琴即以阜西所贈之寒泉相與聞阜西已歸道山乃相對悵嘆者久之
負高情萬里寄寒泉祢重記前遊但拂塵
盡弄琴心究在琴事長休舊侶冰絃何處
絲釣借魚舟 同不浮枕綸以釣絲代之 挾賦南天客攜上高
樓　好趁此秋高朗月伴襟懷落〻詩思悠
悠繞芳洲碧水一〻自源頭望中原重招
梅隱怕岷江燈火夢沉浮無端又瀟湘極
浦蕩盡離愁
前調　聞阜西尚健在依前韵　喜極
度長空一掬見龍泉冷然憶清遊喜佳音
萬里故人猶健疑識都休擬買吳儂軟月

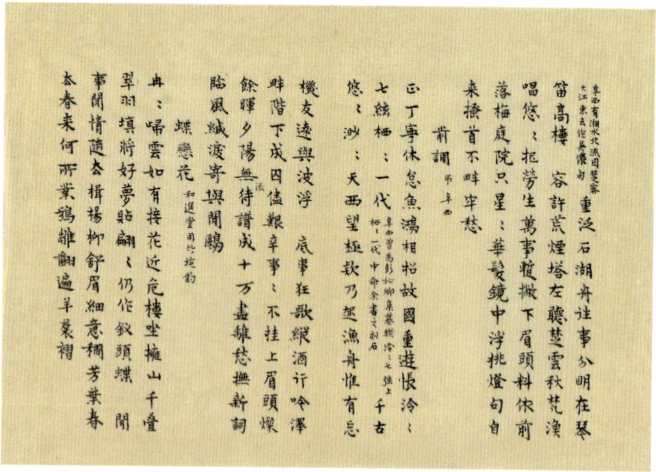

阜西有湘水北流因楚客大江東去作吳儂句　重泛石湖舟往事分明在琴
笛高樓　容許荒煙塔左聽楚雲秋梵漁
唱悠〻把勞生萬事輕擲下眉頭料依前
落梅庭院只星〻華髮鏡中浮挑燈句自
来搔首不畔牢愁
前調　弔阜西
正丁寧休怠魚鴻相招故國重遊悵冷〻
七絃栖〻一代 阜西曾為彭祉卿桌琴撰冷〻七絃上栖〻一代中命余書之刻石 千古
悠〻渺〻天西望極欸乃廻漁舟惟有忌
機友遠與波浮　底事狂歌縱酒忻吟澤
畔階下成囚儘艱辛事〻不挂上眉頭燦
餘暉夕陽無限待譜成十万盡離愁撫新詞
臨風縅渡寄與閒鷗
蝶戀花　和選堂用竹垞韵
冉〻帰雲如有接花近危樓坐擁山千疊
翠羽填將好夢貼翩〻仍作釵頭蝶　閒
事閒情隨去楫楊柳舒眉細意稠芳葉春
去春来何所業鴉雛翻遍羊裘褶

《八声甘州》全三首，自存本二。

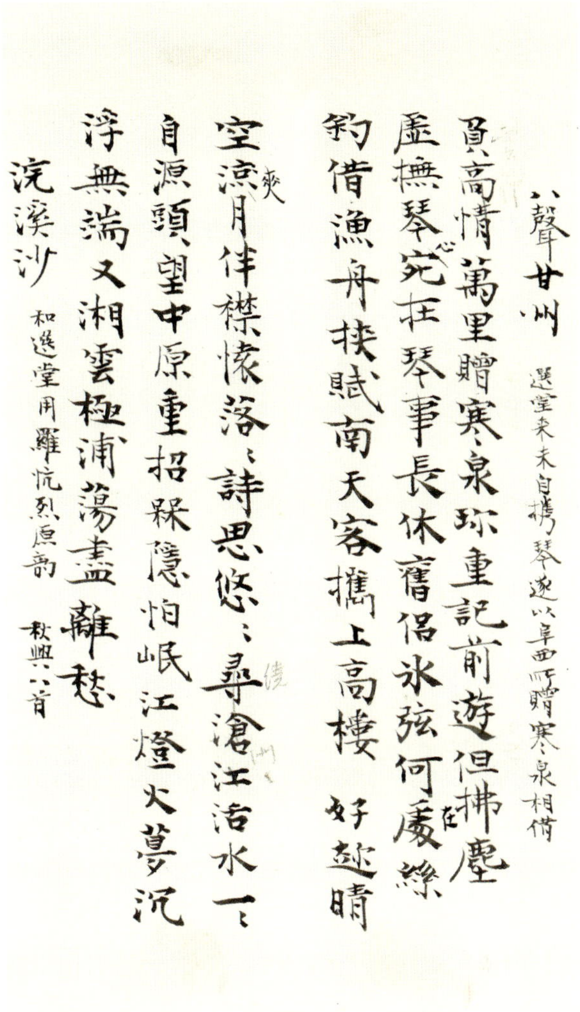
八聲甘州 選堂來未自攜琴遂以阜西所贈寒泉相借

負高情萬里贈寒泉寒泉珍重記前遊但拂塵虛撫琴究在琴事長休舊侶冰弦何處縈釣借漁舟挾賦南天客攜上高樓 好趁晴空涼月伴襟懷落落詩思悠悠尋滄江浩水一一自源頭望中原重招槑隱怕岷江燈火夢沉浮無端又湘雲極浦蕩盡離愁

浣溪沙 和選堂用羅忼烈原韵 秋興八首

《八声甘州》第一首，自存本三。

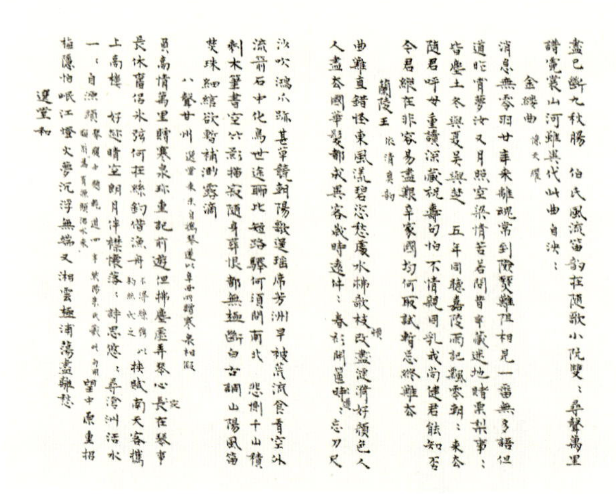

《八声甘州》第一首，自存本四。

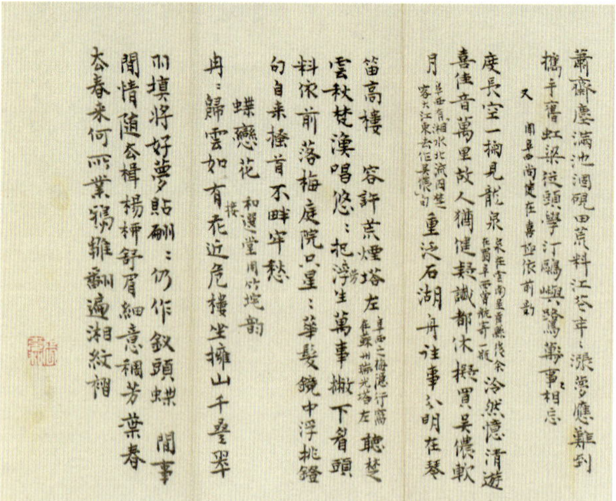
蕭齋塵滿，池涸硯田荒，料江各年年，泥夢應難到，攜手舊虹梁，從頭學汀鷗嶼鷺，萬事相忘。
又 聞阜西尚在喜極依前韵
度長空一柄見龍泉（泉在金陵孟春燕茂余在翁阜西曾服寄之瓶）冷然憶清遊。喜佳音萬里，故人猶健，疑識都休，擬買吳儂軟月（阜西有湘水北流句楚客大江東去作吳儂句）重泛石湖舟，往事分明在，琴笛高樓。 容許荒煙塔左（阜西之梅溪行窩在蘇州瑞光塔左）聽楚雲秋，楚漢唱悠悠。把浮生萬事撇下眉頭，料依前落梅庭院，只星星華髮鏡中浮，挑鐙句自來搔首，不晔牢愁。
蝶戀花 和還堂用仿慨韵
冉冉歸雲如有恨，近危樓，坐擁山千疊翠。剛填將好夢貼酬，仍作叙頭蝶。閒事閒情隨各棹，楊柳舒眉細意裯芳葉，春去春來何所業，猶雜翻遍湘紋褶。

《八声甘州》第二首，自存本五。

二、版本汇校

【第一首】(一九七〇年)①

选堂②来借琴，乃以阜老③所赠“寒泉”④与之。闻阜老已归道山，共听其所录诸琴曲，赏叹者久之。⑤

负高情、万里寄⑥寒泉，珍重记前游。但拂尘虚弄⑦，琴心宛⑧在，琴事长休。旧侣冰弦何处⑨？丝钓借渔⑩舟⑪。挟赋南天客，携⑫上高楼。　好趁⑬秋空朗月⑭，伴襟怀落落，诗思悠悠。绕沧洲碧水⑮，一一自源头⑯。望中原、重招⑰梅隐⑱，怕岷江、灯火梦沉浮。无端又、湘云⑲极浦，荡尽离愁。

①查藏本、查抄本、张抄本、陈藏本均注作于一九七〇(零)年。自存本皆未注。

②自存本一末有四个注，其中三个注关乎第一首，第一注移录于此：“选堂：饶宗颐。”

③自存本一第二注：“阜老：查镇湖，字阜西，号梅隐，室名照雨。”按:查阜西并无“梅隐”一号，“后梅隐庐”亦是其室名。

④自存本一第三注：“寒泉：琴名。”

⑤小序全文，查藏本、张抄本作：“选堂来，不自携琴，因借与‘寒泉’，阜西所赠也。闻其已归道山，乃共听其录音，为唏嘘者久之。”查抄本除“借与”作“借予”，馀同查藏本。

陈藏本作：“选堂来借琴，即以阜老所赠与之。传阜老已归道山，相对叹惋者久之。琴为照雨室旧藏，‘寒泉’，《今虞琴刊》

误书‘响泉’。”

自存本二作:“选堂来美，不自携琴，即以阜西所赠之‘寒泉’相假。闻阜西已归道山，乃相对惋叹者久之。”

自存本三作：“选堂来，未自携琴，遂以阜西所赠‘寒泉’相借。”自存本四“借”作“假”，馀同自存本三。

⑥ 寄，自存本四作“赠”。

⑦ 弄，自存本三作“抚”。

⑧ 宛，自存本四原作“长”，又点去，改为“宛”。

⑨ 处，自存本三、四皆作“在”。

⑩ 渔，张抄本作“鱼”，误。

⑪ 查藏本、查抄本此处有小字注：“以钓丝代杭弦。”张抄本同，但注号〔注一〕标在“丝钓”之后，且三个注均在文末。

自存本二小字注作：“因不得杭弦，以钓丝代之。”自存本四小字注除无“因”字，同自存本二。

⑫ 携，查抄本作“楼”，误。

⑬ 趁（趂），查抄本作“迩”，误。

⑭ 秋空朗月，查藏本、查抄本作“晴空凉月”，自存本二作“秋高朗月”，自存本三作“晴空爽（原作凉，点去）月”，张抄本、自存本四作“晴空朗月”。

⑮ 绕沧洲碧水，查藏本、查抄本、张抄本、陈藏本、自存本二“沧”皆作“芳”，自存本三作“寻沧江活水”，自存本四作“寻沧洲活水”。

⑯ 自存本四此处有小字注：“琴腹中题‘乾道四年紫阳朱氏藏’。此句用晦翁‘为有源头活水来’。”

⑰ 招，查抄本作“探”。误。

⑱ 此句查抄本卷末有注云：“（一）阜西苏州寓门额上署梅隐庐。”张抄本为〔注二〕，云：“阜西之苏州寓门额上署梅隐行窝。”

⑲ 湘云，自存本二作“潇湘”。张抄本此处为〔注三〕，云：“‘湘云’指《潇湘水云》，琴曲名。”

【第二首】（一九七四）①

闻阜老②尚③健在，喜极，依前韵④。

度长空、一掬见龙泉⑤，泠然忆清⑥游。喜佳音万里，故人犹健，疑谶都休。拟买吴侬软月⑦，重泛石湖舟。往事分明在，琴笛高楼。　应⑧许荒烟塔左⑨，听⑩楚云秋梵，渔唱⑪悠悠。把劳⑫生万事，尽⑬撇下眉头。料依前、落梅⑭庭⑮院，只星星、华发镜中浮。挑灯句、自来搔首⑯，不算⑰牢愁。

① 查藏本、查抄本、张抄本均将此作系于一九七四年，陈藏本系于“一九七六春”，是将与查氏重新取得联系之时，误为得知其尚在之时。自存本一等未注。

② 阜老，查藏本、查抄本、张抄本、自存本二、自存本五皆作“阜西”。

③ 尚，查抄本脱。

④ 陈藏本此下有“即寄”二字，为诸本所无。

⑤ 自存本五此下有小字注：“泉在云南呈贡县，后余在蜀，阜西曾航寄一瓶。”

查抄本纸尾有注云：“（三）见龙泉，在云南呈贡。”张抄本此处有〔注一〕，注文同查抄本。

自存本一纸尾第四注："见龙，泉名，在云南呈贡。"

⑥ 清，查抄本作"旧"，误。陈藏本脱此字。

⑦ 查藏本、查抄本、自存本二、自存本五此处皆有小字注，文字略异。查藏本作:"阜西有'湘水西流囚楚客，大江东去作吴侬'句。"自存本二"西流"作"北流"，自存本五同；张抄本此下有〔注二〕，注文同自存本二、五小字注。查抄本"西流"作"北流","句"前有"之"字。按:查氏此句为《酬顾梅羹来苏会琴原韵》(载《查阜西琴学文萃》第781页，《今虞琴刊》第310页亦载之，在顾梅羹《喜见阜西兄兼呈祉卿丈》之后，题为《酬前作》）第一首颔联，当以"北流"为是。

⑧ 应，查藏本、查抄本、张抄本、自存本二、自存本五皆作"容"。

⑨ 张抄本此处有〔注三〕，注云："苏州盘门内瑞光塔畔。"

自存本五此下有小字注:"阜西之梅隐行窝，在苏州瑞光塔左。"

⑩ 听，查抄本脱。

⑪ 查抄本此下有（一），所对应者实为注文之（二），云:"湘云、楚云，指《潇湘水云》，秋梵为《普安咒》，渔唱为《醉渔唱晚》，搔首为《搔首问天》，皆琴曲名。"按:湘云，注第一首末"湘云极浦"；搔首，注本首末"自来搔首"。

张抄本此处与下文"自来搔首"皆有〔注四〕，注文大抵同查抄本，因第一首已注"湘云"，故此处无，且"指"前有"亦"字。

⑫ 劳，自存本五原作"浮"，点去改为"劳"。

⑬ 尽，查藏本、查抄本、自存本五脱此字。张抄本、自存本二作"暂"。"尽"较"暂"义长。这一差异最清楚地证明：自

存本五比较早，与一九七六年的查藏本、查抄本庶几同期；张抄本、自存本二庶几同期；而一九八一年的陈藏本、自存本一相似度极高，可知为同期。

⑭ 梅，查抄本先作“眉”，圈去。

⑮ 庭，陈藏本衍一“庭”字，点去。

⑯ 张抄本此下有〔注四〕，见校记 ⑪。

⑰ 算，查藏本、张抄本、自存本二、自存本五皆作“畔”，查抄本作“解”。

【第三首】（一九七六秋）①

吊阜老 ②

正叮咛 ③、休怠鱼鸿 ④，相招故国重游。叹 ⑤ 泠泠七弦，凄凄 ⑥ 一代 ⑦，千古悠悠。渺渺天西望极，欸乃起 ⑧ 渔舟。惟有忘机友，远与波浮。 休论人间功罪，叹生生死死，壮志难酬。把琴心剑胆，肯逐向东流 ⑨。趁 ⑩ 馀辉、晴空照雨 ⑪，待谱成、十万灿神州 ⑫。抚新词、临风缄泪 ⑬，寄与闲鸥。

① 仅陈藏本注及。

② 阜老，张抄本、自存本二作“阜西”，又陈藏本下有“依前韵”三字，为他本所无。

③ 叮咛，张抄本、自存本二作“丁宁”。

④ 张抄本此处有〔注一〕，与〔注二〕的注文并为“均是阜西信中语”。此处查氏信中原文为“以后决不使邮鸿断怠耳”。

⑤ 叹，陈藏本、张抄本、自存本二皆作“怅”。

⑥ 凄凄，陈藏本、张抄本、自存本二皆作“栖栖”。

⑦ 自存本二此下有小字注云：“阜西曾为彭祉卿集墓联‘泠泠七弦上，栖栖一代中’，命余书之刻石。”

⑧ 起，诸本唯张抄本作“响”。

⑨“休论”至此，陈藏本同，但张抄本、自存本二皆作“底事狂歌纵酒，行吟泽畔，阶下成囚。尽艰辛事事，不挂上眉头”。

⑩ 趁，张抄本、自存本二均作“灿”。陈藏本此字与前句“流”字互乙，已改。

⑪ 晴空照雨，张抄本、自存本二均作“夕阳无限”。

⑫ 灿神州，陈藏本同，张抄本、自存本二作“尽离愁”。

⑬ 张抄本此处有〔注二〕，与〔注一〕注文同，已见于校记④。此处查氏信中原文为：“我病后只星星华发，老态龙钟，馀皆无恙，临风揾泪。”

三、改动痕迹、版本时序及其他

仅此汇校，首先可以看到文本形成中的一些重要痕迹。这些重要痕迹，大致包括三种情况：

其一是错误的修正。如第二首查藏本、查抄本、自存本五“把劳生万事，撇下眉头”一句，第三首张抄本、自存本二“底事狂歌纵酒，行吟泽畔”一句，按词律，“撇”与“行”前都应该各有一字，显系张充和遗漏。张抄本整理时已经发现，故在“行”前空了一格。前一句，后来补了“暂”、“尽”两种版本；后一句，张充和的改动幅度，几近半阕，自然消弭。

其二是感情色彩、意境追求的改变。第三首下半阕初作“底事狂歌纵酒，□行吟泽畔，阶下成囚。尽艰辛事事，不挂上眉头。灿馀辉、夕阳无限，待谱成、十万尽离愁”，第一句借用琴曲《泽畔吟》，指查阜西得悉家中惨变时的痛苦，以“湘水北流囚楚客”的本事，指查阜西在大革命失败后身陷囹圄、险遭杀害的经历，因此才托出下一句“尽艰辛事事，不挂上眉头”。但查阜西平生之坎坷，不独此早年二事，“尽艰辛事事，不挂上眉头”也与第二首“把劳生万事，尽撇下眉头”意思雷同，再往后落在“待谱成、十万尽离愁”，格局未免略小。而定稿则是“休论人间功罪，叹生生死死，壮志难酬。把琴心剑胆，肯逐向东流。趁馀辉、晴空照雨，待谱成、十万灿神州”，上升到具有宏观视野的人生评定，充分肯定查阜西的历史功绩，气象就阔大了许多。

其三是字词的锻改，分两种情况：一是追求用词的合适与贴切，如第一首“秋空朗月”，曾有“晴空凉月”、“秋高朗月”、“晴空爽（原作凉，点去）月”、“晴空朗月”多稿，从下接“伴襟怀落落，诗思悠悠”来看，当然是“朗月”为佳；“绕沧洲碧水”也曾有“绕芳洲碧水”、“寻沧江活水”、“寻沧洲活水”多稿，结合下一句“一一自源头”，可知是化用了朱熹的名句“为有源头活水来”，考虑到“寒泉”琴有朱熹藏款，原本很贴切，但如此一来，化用太过明显，且原诗近乎白话，说理味道甚浓，与这首词典雅、抒情的风格不协调，还是改得不着痕迹为好。第二首“容许”改为“应许”大约是避熟就生，“暂撇下眉头”改为“尽撇下眉头”有境界高低之别，第三首“怅泠泠七弦”改为“叹泠泠七弦”加重了感情色彩（但造成了与下文“叹生生死死”的雷同），“欸乃起渔舟”显然要比“欸乃响渔舟”更具空间感。此外，则是为了避免用词的雷同，如第一首“琴心宛在”的“宛”，原作“长”，与“琴事长休”雷同，再下一句“旧侣冰弦何处”的“处”，原作“在”，与“琴心宛在”雷同；第二首“把劳生万事”的“劳”，原作“浮”，与下文“只星星、华发镜中浮”雷同；第三首将“尽离愁”改为“灿神州”后，又将前面的“灿馀辉”改为“趁馀辉”。这些尤其容易理解。

第三首改动最大，应该是对它最不满意导致的。然而不难发现，改动后第三首的艺术水准，并未出现大幅度的提高，仍不足以与前两首比肩。虽然遗憾，却也是同一题材诗词创作的常情常理。

分析这些，在对张充和的创作思路与写作特点有所理解的同时，还可以大致分辨出不同版本的形成时段。兹将具体比勘过程，记之如下：

（一）陈藏本、自存本一相似度最高，显然是最后两个版本，其他诸本都在它们之前。最明显之处，是第二首“尽撇下眉头”、第三首下半阕的改动。

（二）陈藏本、自存本一之间，陈藏本的个别字词，如“怅泠泠七弦”的“怅”、“栖栖一代”的“栖栖”，更近于张抄本、自存本二，因此当在前。

（三）张抄本、自存本二之间，从第一首小序来看，张抄本近于查藏本，而自存本二近于陈藏本，故张抄本当在前，自存本二当在后。

（四）仍从第二首“尽撇下眉头”一句来看，自存本五脱首字，而自存本二与张抄本已补上（补的是“暂”），故自存本五在自存本二之前，殆无疑义。

（五）自存本三、四，从改动来看，当在查藏本之前。如“万里寄寒泉”的“寄”，只有自存本四作“赠”；“但拂尘虚弄”的“弄”，只有自存本三作“抚”；“琴心宛在”的“宛”，只有自存本四保存着将“长”改为“宛”的痕迹；“旧侣冰弦何处”的“处”，只有自存本三、四作“在”，与前文“琴心宛在”的“在”雷同；“绕沧洲碧水”的“碧水”，只有自存本三、四作“活水”。这都是早期未定本的特征。

（六）第一首“琴心宛在”的“宛”，自存本四原作“长”，又点去，改为“宛”，而自存本三已径书“宛”，可知自存本三必在自存本四之后。

（七）自存本五“把劳生万事”的“劳”，原作“浮”，点去改为“劳”，应是为了避免与下文“只星星、华发镜中浮”雷同。这与诸本皆异，故当在查藏本之前。

（八）自存本五与自存本三、四孰先孰后，由于后者仅见第一首，前者仅见第二首，无从比较，待考。

据考察所得，《八声甘州》九个版本的先后次序是：

版本	形成时间
自存本四	1970—1976.3 间，略靠前
自存本三	1970—1976.3 间，略靠后
自存本五	1974—1976.3 间，与自存本三、四的先后关系待考
查藏本	1974—1976.3 间
查抄本	1976.3—5 间
张抄本	1976.8—1981.9 间，略靠前
自存本二	1976.8—1981.9 间，略靠后
陈藏本	1981.9.6
自存本一	1981.9.6 之后

就整体而言，三首词的不同版本自然是改后胜于改前，但在不断的修改、抄录过程中，也丢失了一些有价值的信息。如自存本五（第二首）“度长空、一掬见龙泉”的小字注“泉在云南呈贡县，后余在蜀，阜西曾航寄一瓶”，若无查阜西《抱瓮泉记》，非此注不足以知其本事;“荒烟塔左”的小字注“阜西之梅隐行窝，在苏州瑞光塔左”，记载查氏后梅隐庐的故址在瑞光塔东，除了当年的当事人与芳邻吴兰荪一家，如今已罕有人知了。

最重要的信息在自存本二第三首“泠泠七弦，栖栖一代”的小字注中：

阜西曾为彭祉卿集墓联“泠泠七弦上，栖栖

一代中”，命余书之刻石。

如今昆明西山的彭祉卿墓前，这副查阜西集、张充和书的对联原石早已不知所终。查阜西还有这样一副绝妙的集联之作，若非此注，恐怕就湮没了；而张充和在为沈从文墓的碑阴写“不折不从，亦慈亦让；星斗其文，赤子其人”诔词之前四十馀年，就曾为友人写过墓联，也是闻所未闻的。

唐明皇诗“夫子何为者，栖栖一代中”咏的是孔子，慨其毕生劳碌奔波，查阜西移作对亡友的概括，倒也合适。只是彭祉卿下葬之时，查阜西亦是知天命之年，自身的经历之跌宕、遭遇之坎坷不在彭祉卿之下，集此联固是悼人，似乎也不无自悼的成分。张充和拈来写入词中，真不愧是查阜西的知己。从这个意义上来说，定本（自存本一）将“栖栖（棲棲）”写作“凄凄”，颇觉不妥，宜以笔误视之。

其实，“栖栖一代中”在相当程度上堪称彭祉卿、查阜西那一代知识分子的共同命运，张充和是难得的例外。她遇到的师友，几乎全都欣赏她，呵护她，最终连上天也眷顾她，让她在动荡不安的二十世纪，奇迹般地躲开种种浩劫，诗意地安居海外，终其一生。她越是珍惜这样的幸运，也就越是懂得“栖栖一代”的他们。

二〇一七年八月十四至九月一日

关于庄剑丞抄本《琴人书札》

本书第八节《多少欢娱都梦幻》所引张充和《呈贡杂咏二首呈阜西先生》、查阜西《次充和怀旧韵》这四首诗以及查阜西致庄剑丞书札片段，除却张充和所作的第二首，在七年前发表时均系首次面世，有必要交代一下来历。

二〇〇五年，某旧书网站有位上海书贾拿出一册封面上写有“琴人书札”四字的硬面笔记本来上拍，内文是庄剑丞用蓝黑墨水的钢笔抄成，凡九十三页，最末抄录的则是庄剑丞去世后师友的挽联。虽然信息有限，史料价值却是显而易见的。可是，起拍价已然惊人：一万八千元（当时此类文献，行情大约是在两千以内）。我十分心痒，万般无奈，愤愤地下载了卖家展示的几张图片，匆匆浏览一过，丢在了一边。

中途当然也曾不死心，联系这位卖家，请他开个目录，皆被拒绝。最后多亏朋友出面，冒充大买家，始得开恩赐下。出乎意料的是，这批书札多达一百五十五通，起自一九三五年，终于一九四四年，正好是今虞琴社酝酿成立到抗战胜利前夕的一段时间；看收信人，大部分都是庄剑丞本人，也有写给今虞琴社及彭祉卿、查阜西、周冠九、张子谦等人的；看寄信人，查阜西最多，张子谦、吴景略次之，其馀琴人不下三十。由此，可以对这批书札的来历、内容作出初步判断。庄剑丞作为查阜西最器重的弟子，也是处理社务的重要助手，“浦东三杰”（彭祉卿、查阜西、张子谦）与吴景略是今虞琴社的核心人物，周冠九在苏州的寓所一度曾是今虞琴社

《琴人书札》，庄剑丞手录本。

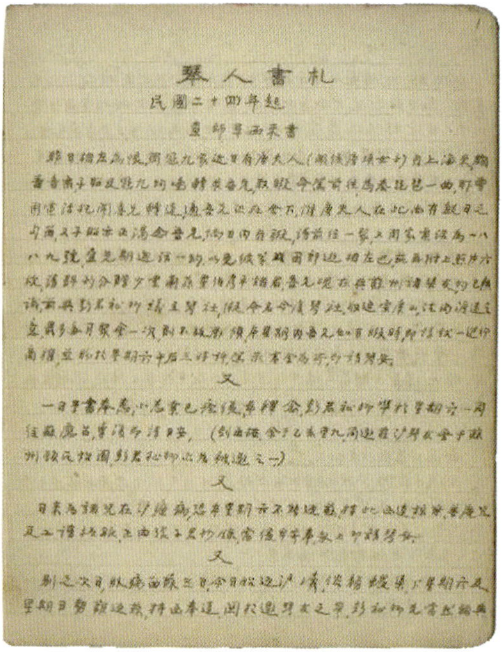

琴人書札

民國二十四年起

查師阜西來書

又

又

又

《琴人书札》以“民国二十四年起”“查师阜西来书”开篇。

的社址。那么，这本《琴人书札》可能是庄剑丞为了携带、翻检方便，将琴人往来的书信集中抄录，作为琴社的工作档案留存的。

除了收信人，卖家还标出了某些书札的时间和起首的几个字。既然《琴人书札》与今虞琴社有关，又起自一九三五年，便取出一九三七年出版的《今虞琴刊》与之比勘。《琴刊》中的《艺文》部分，选录了徐立孙、邵大苏、汪孟舒、郑颖孙等来函及查阜西、彭祉卿去函，比勘的结果，发现目录中汪孟舒的一通可能与《琴刊》上那通同为一函，也就更加印证了先前的推测。《琴刊》在琴人书札后有编者按语云："本社承各地琴人，源源赐教，鱼书雁讯，满目琳琅。兹为篇幅所限，仅录数通，以见鳞爪，馀悉什袭珍藏。他日或当专印琴人书札，藉志此一段因缘也。"既然有"专印琴人书札"的计划，那么这本笔记本可能就是为此准备的先期之本。

这时候，对《琴人书札》的认识加深了许多，再考虑若以每页五百字计，全本近五万字，内容必定颇为可观。可以说，与张子谦的古琴日记《操缦琐记》一样，《琴人书札》不仅对如今仍在活动的今虞琴社价值非凡，也堪称现代琴坛的重要史料。

然而，与卖家的沟通仍不顺利，对方的要价也升到了两万。其时我正在编订《徐立孙先生琴学著作集》，便提出以两百元的代价，复印其中徐立孙的两通书札，被拒绝。此后偶然看到卖家索性将目录公开，放在网上招徕买主，似乎无人问津。忽忽数年过去，二〇〇九年夏，经一位对此同样兴趣浓厚的友人催促，再向卖家问起，答复竟是已然售出，且在不久之前。我没问售价，心想就算不是两万，也不会太低。有人愿意花大价钱买它，总归是识货，应该也会善待它罢。

最初下载的那几张图片，我未曾细看。辛卯正月动笔写这篇文章，忽然有图片中提到"充和"的模糊印象，找出来，赫然便是两页查阜西本人的叙述，来得正巧！先前在《张充和诗书画选》读到《云龙佛堂即事》诗，根据“一曲《潇湘云水》过”一句，便意识到此诗应与查阜西有关，书札证实了这一猜测：原来它就是《呈贡杂咏二首呈阜西先生》的第二首。当时，我以为第一首可算是张充和的佚诗，直到前年白谦慎先生编订《张充和诗文集》，才发现两首都见于张充和的自存诗稿，只是版本略有不同——诗题又作《天南二首》，第一首的“马缨桥”又作“马樱桥”，末二句又作“浅水流残春不住，白云去去月无聊”。这些大约都是后来的追记，不及《琴人书札》所载更近初貌。张充和还存有杨振声、梅贻琦为第二首——也就是《云龙佛堂即事》——所作的和诗，可见她对第二首尤其偏爱，一再单独出示友人，难怪流传最广。兹将杨、梅二人和诗分录如下，以存文献：

> 到处为家不是家，陌头开遍刺桐花。天涯不解乡思渴，细雨疏帘酒当茶。
>
> 浪迹天涯那是家，春来闲看雨中花。筵前有酒共君醉，月下无人细煮茶。

至于查阜西的两首和诗《次充和怀旧韵》，我初以为未见于现存的查氏遗稿，可视为佚作，但后来在他手订的《诗剩》中看到，却是《次赵诚伯游清碧溪

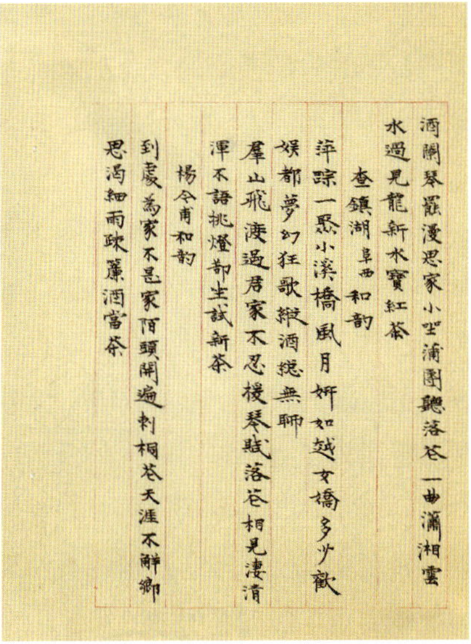
酒闌琴罷漫思家小坐洧園聽落花一曲瀟湘雲水過見龍新水寶紅茶

查鎮湖 皐西 和韵

萍踪一聚小溪橋風月妍如越女嬌多少歡娱都夢幻狂歌縱酒總無聊

羣山飛渡過君家不忍援琴賦落花相見淒清渾不語挑燈都坐試新茶

楊令甫和韵

到處爲家不是家陌頭開遍刺桐花天涯不辭鄉思渴細雨疎簾酒當茶

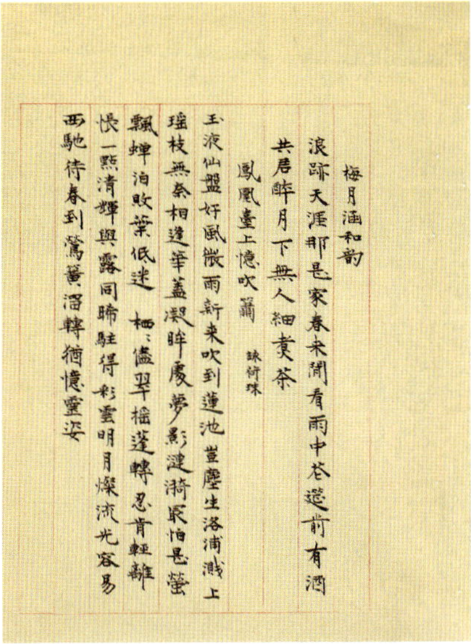
梅月涵和韵

浪跡天涯那是家春來閒看雨中花遥前有酒共君醉月下無人細煑茶

鳳凰臺上憶吹簫 詠荷珠

玉液仙盤好風微雨新來吹到蓮池豈塵生洛浦濺上瑶枝無奈相逢華蓋凝眸處夢影漣漪最怕是螢飄蟬泊敗葉低迷 栖栖盡翠搖蓬轉忍背輕離悵一點清輝與露同晞駐得彩雲明月燦流光容易西馳待春到鴛鴦宛轉猶憶靈姿

张充和手录的查阜西、杨振声、梅贻琦和诗

韵》四首中的后两首，令人大为不解。赵德恒（诚伯，1888—1968）是查阜西在云南的友人，今人辑有《赵诚伯诗作遗粹》（自印本，2000 年 3 月），其中未见游清碧溪诗原作，当有遗珠。从内容上看，查、张二诗可以呼应，“群山飞渡过君家”完全符合查阜西长途驱车看望友人的实际情形，“挑灯却坐试新茶”也显然在室内，不大像在山野之间。再佐以查阜西致庄剑丞书札中特为解释“百结愁肠无一语”一句，大致可以确定这两首诗可能是遗漏了题目。

以查阜西手稿本《坊间杂记》中的《巴山夜雨》、《答邮亭老卒书》两篇，来与这两页书札核对，大致可以推断它们所说的为同一次行程见闻。由此可以确定两个时间：第一，《呈贡杂咏二首呈阜西先生》、《次充和怀旧韵》作于一九四四年四月一日查阜西去看望张充和的当天下午；第二，从《琴人书札》目录来看，一九四四年有查阜西三札，前两通皆系一月发出，第三通系五月二十八日发出。这两页书札虽未见写作时间，但既然记录四月初发生的事，想必是第三通无疑。

没想到，《琴人书札》与我缘分既了，却仍然有后续。就在这篇文章首次发表之后不久，《琴人书札》重现江湖，新主人原来是另一位书贾，底价也涨到了两万五千元。这回，那位曾经托我打听的友人把握住了机会。宝剑烈士，堪堪相配，我相信这位友人定能好好利用这份珍贵的材料；如果说还有什么愿望，就是期盼有一天《琴人书札》能整理出版，为更多人所见、所用，正如八十年前《今虞琴刊》计划的那样。

书札九十三页，第一位卖家正好展示了查阜西讲述张充和的两页（当然也许不止此数）；我下载后久已忘怀，却偏偏在写这篇文章时倏然一念。至今思之，仍觉得所谓天意成全，也不过如此吧。

辛卯春正初稿，丁酉立秋后二日重写，戊戌白露再增订

征引及参考文献目录

一、稿抄本

《龙溪幻影》，查阜西著，稿本。

《坊间杂记》，查阜西著，稿本。

《长生殿·弹词》手卷，张充和抄本。

《琴人书札》，庄剑丞抄本。

《玄楼日记》第十三册，李伯仁著，湖南省图书馆藏稿本。

《张宗和日记》，稿本。

查阜西致陈梦家、赵萝蕤信札，北京方继孝藏。

查阜西日记，稿本。

查阜西致张充和信札二通，张充和提供。

二、出版物

《自远堂琴谱》，吴灯汇辑，自远堂，清嘉庆六年（1801）刻本。

《枯木禅琴谱》，释空尘（云闲）著，清光绪十九年（1893）刻本。

《会琴实纪》，叶希明编，西泠印社，民国九年（1920）刻本。

《虎阜金石经眼录》，李根源稿，苏州葑门曲石精庐，民国二十年（1931）刻本。

《今虞琴刊》，今虞琴社编，民国二十六年（1937）5 月。

《申报》，1940 年 1 月 13 日。

《琴府》，唐健垣编，台北联贯出版社，1971 年 4 月。

《筝路历程文集》，梁在平编著，自印本，1986 年。

《“阿妹头”自述》，徐鸿著，解放军文艺出版社，1991 年 8 月。

《柳湜教育文集》，龚守静、宋荐戈、李玉非编，教育科学出版社，1991 年 9 月。

《如皋县志》，如皋市地方志编纂委员会编，香港新亚洲出版社有限公司，1995 年 6 月。

《查阜西琴学文萃》，黄旭东、伊鸿书、程源敏、查克承编，中国美术学院出版社，1995 年 8 月。

《苍洱之间》，罗常培著，辽宁教育出版社，1996

年 9 月。

《汪曾祺全集》第六卷，邓九平编，北京师范大学出版社，1998 年 8 月。

《三松堂自序》，冯友兰著，人民出版社，1998 年 11 月。

《今虞琴刊续》，上海今虞琴社编，1998 年。

《清华园日记　西行日记》（增补本），浦江清著，生活·读书·新知三联书店，1999 年 11 月。

《赵诚伯诗作遗粹》，余音绎辑，自印本，2000 年 3 月。

《曹安和音乐生涯》，中国艺术研究院音乐研究所编，山东文艺出版社，2006 年 1 月。

《顾颉刚日记》第五卷，联经出版事业公司，2007 年 5 月。

《掘港镇志》，掘港镇志编纂委员会编，方志出版社，2007 年 11 月。

《周有光百岁口述》，周有光口述，李怀宇撰写，广西师范大学出版社，2008 年 5 月。

《浦薛凤回忆录》，黄山书社，2009 年 6 月。

《饶宗颐二十世纪学术文集》第十四卷，饶宗颐著，中国人民大学出版社，2009 年 9 月。

《关露传》，丁言昭著，上海文化出版社，2009 年 10 月。

《沈从文全集》第十八卷，北岳文艺出版社，2009 年 11 月。

《杨荫浏全集》第五、十三卷，中国艺术研究院音乐研究所编，文化艺术出版社，2009 年 12 月。

《曲人鸿爪》，张充和口述，孙康宜撰写，广西师范大学出版社，2010 年 1 月。

《张充和诗书画选》，白谦慎编，生活 · 读书 · 新知三联书店，2010 年 6 月。

《西泠印社二〇一一年春季拍卖会：西泠印社首届中国历代古琴专场》，西泠印社拍卖公司，2011 年 7 月 17 日。

《湘籍琴家李伯仁研究》（湖南师范大学硕士学位论文），黄鹤著，2012 年 6 月。

《水》复刊第 37 期，2010 年。

《醉琴斋诗选》，李祥霆著，中国人民大学出版社，2012 年 11 月。

《西泠印社二〇一六年春季拍卖会：张充和与昆曲暨中国首届戏曲艺术专场》，西泠印社拍卖公司，2016 年 6 月 25 日。

《张充和诗文集》，白谦慎编，生活 · 读书 · 新知三联书店，2016 年 6 月。

《一曲微茫:充和宗和谈艺录》，张充和、张宗和著，王道编注，广西师范大学出版社，2016 年 6 月。

《一生充和》，王道著，生活·读书·新知三联书店，2017 年 4 月。

《宋代花笺特展》，何炎泉主编，台北故宫博物院，2017 年 12 月。

后 记

认识白谦慎先生，是在庚寅天贶节的苏州。得闻謦欬，又蒙赠书，感激是不必说的，而分别之后，既无要事，也不曾去打扰。这年初冬，他来电说，六十多年前查阜西先生赠给张充和先生的宋琴“寒泉”，有人想以二三十万美元买下，捐给美国的博物馆，也有人建议拿到国内来拍卖，想听听我的意见。我旗帜鲜明地表态，古琴再古，也是琴人一直在使用的乐器，一进博物馆，琴人就很难接触到，几乎无法延续它的音乐生命；而拍卖虽不免落入不弹琴的有钱人之手，但终归在外面，可以流通，可以借出，尚有重回琴人之手的可能。过了几天，白先生再来电话，说张充和先生认可我的观点，委托他将此琴付诸拍卖，又问我能不能作一篇两千字的文字，供拍卖机构用在图录上。

由于一直在为撰写查阜西先生的年谱长编搜集材料，写一篇查阜西、张充和的交游始末原在计划之内，如今长者有命，日程自然提前。只是预先说明，虽是为拍卖而写，却仍然还是要实事求是，不敢稍有浮夸。白先生让我放心，并说他与拍卖机构打交道，完全是为了报答张充和的师恩，自己绝无所图，更不会有悖于学术伦理。这次处理“寒泉”，是他为张充和先生做的最后一件大事，希望能圆满做好。得此共识，我先来“动手动脚找东西”，差不多就费了两个月光景，其间白先生时常电话和邮件联系，或提供材料，或代向张充和先生征询、核实情况，间有大量闲话，也不免问起进度，希望早日动笔。而拍卖方得了高人指点，认为我不足以胜任此文写作，再三要求换人，白先生坚不让步，也成了一个小有意味的插曲。

转眼到了辛卯春节，对材料已大致了然，身处长假，拖无可拖，遂十五天一鼓作气，到元宵节初稿完成，呈于白先生案前。随后略经增补，在《万象》第十三卷第四至六期（二〇一一年四至六月号）分三期刊出。这已是约两万字的长文了，十倍于最初的要求，只得又另写了一份两千字的浓缩版本（本书未收入），在拍卖方紧锣密鼓的催促声中匆匆交付。

文章写成，可能白先生还算认可，七月十四日，才说起老人家对已有的口述不是十分满意，因此他与张充和先生、照顾张先生的小吴（吴礼刘）商量过一个计划，就是由老人家出钱，邀我去她家住几个月，给老人家做一遍完整、细致的口述。后来考虑到九十九岁这个年纪实在太大，精力不济，记忆力下降得厉害，难以充分利用时间，而在和我的接触中也了解到，我所在的工作单位不可能任由我长期在外，就没有提及。他又说，既然此路不通，是否愿意以《曲人鸿爪》为中心，钩沉张先生的曲人活动与交游，写出一部《曲人鸿爪研究》来？他和小吴愿意全力配合，写的过程中若遇到任何问题需要请教张先生，他们都可以去转达。我当然明白这一题目的价值，也为他们三位的信任深深感动，然而后来终于未曾着手，大约是因为要在遽然之间，放下手头的研习计划，重新投身于一个较为陌生的领域，不得不倍加慎重。如今，随着张充和先生的故去，遗憾是永远无法弥补的了。

七月十七日，“寒泉”拍卖成功。第二天白先生告知这一消息，又说起张充和先生打算将所得款项用来资助举步维艰的海外昆曲活动。我冒昧地问他，北京中华书局正在编辑查阜西先生的文集，即将出版，可否从拍卖所得之中，留出一小部分补贴文集，以降低成本，嘉惠读者？查先生跟张先生学过昆曲，他若知道“寒泉”拍卖所得用来资助昆曲，一定乐意；同时，若能回馈查先生文集的出版，岂不又是一段佳话？白先生深以为然，当即与张先生的昆曲弟子陈安娜女士去沟通，很快得到了陈安娜的支持，与张先生说起，也是一口答应。二十五日，张充和先生在白先生拟的授权书上签字，翌日返还到白先生手中。八月六日，白先生将此授权书扫描件发给拍卖公司，同时给我一份存档。到九月初，白先生在北京与负责查先生文集的中华书局编辑陈平女士接洽，代表张先生接受正式的承诺、感谢文件。十月九日，款项到账。我随即将这一消息，转告了查阜西先生的哲嗣查克承先生，他也倍感欣慰。查克承先生晚年曾重回呈贡，在杨家大院找到少年时代的故人，共话沧桑。他在去年初辞世，“珍重记前游”者，又弱一个。

从初刊到如今的戋戋小册，这篇文章经过了一个不断增订的过程。其实《万象》尚未刊完，新材料就不断涌现，所以收入《条畅小集》（上海辞书出版社，二〇一一年七月）的版本，已不同于《万象》。不久，沈虎雏先生又经阎立中先生找来，希望同意张家及其亲友间的内部刊物《水》转载此文；再后来，王道先生编选《水》的精选集《似水华年：水与一个家族的精神传奇》（新星出版社，二〇一六年十一月）再次全文收入。这些版本各不相同，总的说来，越是后出，也就越是翔实、准确。此番出版单行本，较之以往又有了不少增益，虽恐难免失之饾饤，但私心觉得这些年未曾完全虚度，聊堪自慰。此外，初刊时有极少量的删节，而我自己对原文也有些删节处理，原因是某些往事可能被视为隐私，理应对当事人有所尊重，尤其是当事人还在世的情况之下。如今七年过去，人事代谢，这里也仅是恢复部分原貌，不加渲染，为保持叙述连贯而略存其真罢了。

拙文能以这本小书的形式单行，首先当然要感谢已故的张充和先生、查克承先生。我与张充和先生没有直接接触，但从白先生那里了解到她对拙文写作中的支持、发表后的鼓励（尤其是她老人家大半生都以为"响泉"是"寒泉"的误写，却认可了我唱的小小"反调"），也珍藏着她赐下的查阜西先生的两通书札、她题跋的"寒泉"琴名及腹款自行拓录之本；查克承先生以参与整理查阜西先生文集和撰写年谱、传记相托，让我接触到了许多未刊的核心材料，连同他的细致回忆，是拙文不至太过单薄的学术基础。至于白谦慎先生，正如前面述及的那样，他是这篇文章的促成者、支持者，作用更是无可替代（对陈安娜女士的间接采访也得益于他）。请他写序，再合适不过。

二〇一三年十一月二十九日，我又拜访了龙街旧游中的另一位人物，郑颖孙先生的女儿郑慧女士，当时已是九十五岁高龄，承她以亲历者的身份，指出文章中的一些错误。查克承先生的太太张秀惠女士，慨然应允将家藏七十馀年的张充和书昆曲谱《长生殿·弹词》手卷交付本书首次披露，让这一张充和早期书法精品完整地呈现在世人面前。信札收藏家方继孝先生，早在十年前就将自己收藏的查阜西、徐问铮夫妇致陈梦家、赵萝蕤夫妇的一束信札复制赐下，也派上了用场。此外提供或核实材料、参与意见或提出批评的，还有郑晓禾先生、吴宁女士、卢为峰先生、赵了了女士、王道先生、张叶先生、黄鹤女士、陆蓓容女士、宋希於先生、程佳强先生，在此一并致谢。乱世干戈都损伤不了的好春光，的确值得我们一再追忆。

丁酉立秋后一日

福州徐东树先生帮助拍摄张充和手卷，不惮厌烦，极为铭感。近又承如东吴剑坤先生提示，新增虎丘剑池的顾韵泉题刻一节，亦致谢意。

庚子闰四月初五日